구성주의
진로상담
매뉴얼

A to Z

구성주의 진로상담 매뉴얼
– A to Z

인쇄 1쇄 인쇄 2024년 11월 25일
발행 1쇄 발행 2024년 11월 30일
지은이 | 마크 L. 사비카스
옮긴이 | 이종주
펴낸이 | 김태화
펴낸곳 | 파라아카데미 (파라북스)
기획편집 | 전지영
디자인 | 김현제
등록번호 | 제313-2004-000003호
등록일자 | 2004년 1월 7일
주소 | 서울특별시 마포구 와우산로29가길 83 (서교동)
전화 | 02) 322-5353 팩스 | 070) 4103-5353

ISBN 979-11-88509-82-9 (93180)

Care Construction Counseling Manual
Copyright © 2019 by Mark L. Savickas

구성주의 진로상담 매뉴얼

Career
Construction
Counseling
Manual

A to Z

마크 L. 사비카스 지음
이종주 옮김

파라아카데미

나를 정신적으로 성장시킨 것은 세 명의 학자와 그들의 책이었다. 20대 초반 철학 공부를 시작하면서 철학적 사유의 의미를 일깨워준 철학자와 책은 하이데거Heidegger와 『존재와 시간Sein und Zeit』이었다. 40대 중반 상담심리학을 공부하면서 상담자와 내담자의 관계의 본성을 깨우쳐준 심리학자와 책은 볼비Bowlby와 『애착Attachment』이었다. 50대 초반 철학과 상담심리학 양자의 교차점에서 진로상담 이론과 실무를 공부하면서 조우한 직업 심리학자와 책은 사비카스Savickas와 『커리어 카운슬링Career Counseling』이었다.

하이데거는 '나는 누구인가?'라는 본질물음을 '나는 왜 없지 않고 있는가?'라는 존재물음 속에서 찾는다. 나의 존재물음은 단순히 '이 망치가 왜 여기 있는가?'라는 도구적 존재의미에 대한 물음과 전혀 다른 성격을 갖는다. 파슨스Parsons나 홀랜드Holland와 같은 직업 심리학자에 따르면 사람은 각자의 능력과 적성에 맞는 일자리를 찾아야 한다. 이런 직업지도의 관점에서 보면 사람은 자원이요, 도구다. 능력과 적성이라는 것은 국가와 기업이 필요로 하는 인적자원을 길러내기 위해 학교 교과목의 분류와 시험의 등급에 따라 판정된 기능일 뿐이다. 나의 존재물음은 '내 나이에는 무엇을 해야 어울릴까?'라는 직업과 관련해서 세상 사람들의 평균성, 공공성의 기준에 대한 물음도 아니다. 슈퍼Super와 같은 직업심리학자가 성장기, 탐색기, 확립기, 유지기, 쇠퇴기에 따른 진로발달과 교육을 제안할 때, 자신이 파악한 진로발달 과업의 기준이 서구의 산업자본주의 사회의 중산층 백인 남성의 평균적 삶일 뿐이라는 점을 알고 있었을까? 하이데거의 존재물음을 진로의 차원에서 재해석한다면, 그것은 내가 현재의 긴장tension 속에서 나의 과거로부터 물려받은 여러 발달적, 문화적 맥락에 주의attention를 기울이며 미래를 향해 새롭게 지향intention하기 위해 부단히 묻는 삶의 이해와 해석이요, 지금 이 순간 결단을 통해 나의 존재의미를 타인과 세계 속으로 확장해 나가는extend 시도이다. 바로 사비카스에게 진로야말로 이런 tension과 attention과 intention 그리고 extension으로 이루어지는 삶의 내러티브요, 그런 생애 초상life portrait을 부단히 창작하며 각자의 존재물음에 대한 답을 찾는 여정이다.

볼비는 애착이 성과 사랑으로서 맺어지는 인간관계의 토대라고 보았다. 자녀의 신체적, 심리적 필요 신호에 반응하여 적절한 시간성과 수반성을 가지고 자녀가 필요로 하는 것을 효과적으로 제공하는 양육자의 행동적 수반성, 아이의 감정에 일치하여 감정적 연결을 강화시켜주는 양육자의 정서적 연결, 자신과 자녀의 인지, 정서 및 기타 환경적 요인에 대한 양육자의 성찰적 자각 속에서 비로소 아이는 안전기지secure base를 얻고 안정된 애착을 형성하게 된다.

사비카스에 따르면 20세기 산업사회에서 직장도 개개인의 생애의 한 가지 중요한 안전기지 역할을 해주었다. 그러나 21세기 현대 후기 산업사회에서 직장은 개인의 성장의 기반, 즉 안전기지가 될 수 없다. 이젠 각자가 자신의 진로 내러티브를 창작해냄으로써 자신의 성장을 모색해야 한다. 이때 진로상담자는 내담자가 구성한 진로 내러티브를 경청하고, 주제, 캐릭터, 플롯, 무대를 중심으로 내담자의 생애 초상을 재구성하고 내담자와 더불어 공동구성해 나갈 수 있는 안전기지를 제공하는 제2의 애착인물, 양육자가 되어야 한다.

다행히도 사비카스의 『커리어 카운슬링Career Counseling』은 이미 번역되어 출판되었다. 사비카스의 진로구성상담의 이론과 실무에 대한 첫 번째 체계화된 결과물로서 이 저작은 홀랜드의 직업지도와 슈퍼의 진로교육을 넘어 본래적 의미의 진로상담을 제시한다. 그러나 이 저작은 먼저 내용적으로 문장이 추상적이고 난해한 부분이 있어서 진로상담 전공자도 이해하기 어렵다. 둘째, 커리어스토리 면담을 통해서 얻은 자료를 분석하고 해석하는 길잡이가 부족하다. 셋째, 진로구성상담은 단순히 말로 하는 치료talking cure가 아니라 말하기와 듣기, 쓰기와 읽기가 포함된 다면적 치료라는 점에서 커리어스토리 에세이 속에서 주제, 플롯, 캐릭터, 무대가 어떻게 결합되는지, 그리고 커리어스토리 면담결과에서 배우actor로서 자기, 행위주체agent로서 자기, 그리고 작가author로서 자기가 어떻게 구성되는지가 분명하지 않다. 게다가 국내 번역본의 경우 원저작의 추상적 문장을 가독성 있는 우리말로 번역하는 데서 아쉬움이 많다.

반면 2019년에 출간된 『Career Construction Counseling Manual』은 분량도 적고, 내용적으로도 실제 상담에서 면담을 어떻게 진행하고 그 결과물을 생애 초상의 문장으로 어떻게 서술하고 활용해야 하는지에 대한 구체적 방법을 사례와 함께 친절하게 제시하고 있어 진로구성상담의 이론과 실무에 대한 더할 나위 없이 유용한 책이다. 이 책을『구성주의 진로상담 매뉴얼 - A to Z』이라는 제목으로 번역하면서 나는 그동안 진로상담을 수행하면서 겪었던 어려움에 대한 많은 해결책을 찾을 수 있었고, 또한 진로구성상담 이론의 핵심을 더 정확하게 파악하게 되었다. 다만 상담과 연구를 병행하면서 진로구성상담에서 문학작품의 독서와 비평의 활용이 필요하다고 판단했다. 왜냐하면 진로구성상담은 내러티브 진로상담의 큰 흐름 내에 있으며 배우로서 자기, 행위주체로서 자기를 넘어 작가로서 자기를 요구한다는 점에서 상담자나 내담자 모두에게 문학적 상상력이 필수적이기 때문이다.

나는 최근 몇 년 동안 진로구성상담에서 문학작품의 독서와 비평을 보완적으로 활용하면 좋겠다는 판단 하에 문학작품을 꾸준히 읽고 진로구성주의 관점에서 여러 편의 비평 논문들을 작성해왔다. 2부「역자 해설」에 진로구성상담에 적합한 두 개의 문학작품을 선정하고 진로구성주의 관점에서 비평문을 실은 것은 이 때문이다. 두 논문 모두『독서치료연구』에 실렸던 논문을 수정한 글임을 미리 밝힌다.

그동안 철학과 상담분야에 대해 여러 편의 논문과 두 권의 공저와 두 권의 저서를 출판했지만 번역서 출간은 처음이다. 번역은 해당 원어와 분야의 전문지식도 잘 알아야 하지만 무엇보다 우리말 능력이 그 이상으로 요구된다. 전공 특성상 영어나 독일어, 불어를 어느 정도 읽고 쓸 줄은 알지만, 그것을 우리말로 옮기는 작업은 훨씬 더 어렵다는 것을 항상 느꼈다. 그래서 기존 전공서 번역자에게는 양가적 감정이 있었다. 한편으로는 그들에게 감사와 존경심을 가지면서도 다른 한편으로는 비문과 오역이 발견될 때마다 아쉬움도 느꼈다. 그동안 번역의 기회는 여러 번 있었지만 포기하거나 거절했다. 그런데 사비카스의『구성주의 진로상담 매뉴얼 – A to Z』은 분량 면에서 부담이 적고, 국내 진로상담 분야 연구자나 현장실무자가 필독해 볼 만한 저서이고, 또한 최근에 작성한 진로구성주의적 관점의 문학비평문을 함께 묶어서 출간하면 좋겠다고 생각했다.

끝으로 본문의 각주는 모두 독자가 책을 읽으며 갖게 될 의문과 오해를 풀기 위해서 역자가 적어 넣은 것이며, 본문의 [ ] 속 내용은 원서에는 없지만 이해를 돕기 위해 역자가 삽입한 부분이다.

아무쪼록 이 번역서가 자신의 진로에 대해 고민하면서 길을 찾는 일반인과 진로상담을 공부하고 현장에서 상담을 실제 수행하는 예비 상담자와 현장실무자에게 많은 도움이 되길 바란다.

2024년 늦가을 대구대 연구실에서

차례

역자서문 ···· 4

구성주의 진로상담 매뉴얼 – A to Z

Chapter 1. 진로구성상담 ··· 10
Chapter 2. 전환 내러티브 ··· 24
Chapter 3. 진로구성면담 ··· 40
Chapter 4. 생애 초상 재구성하기 ··· 56
Chapter 5. 상담 과정 ··· 100

후기 ···· 119
참고 문헌 ··· 122

부록 : 역자해설
– 문학작품 속 내러티브 정체성 구성

문학작품 속에서 진로 구성주의를 통한 내러티브 ··· 132
1. 제임스 조이스의『젊은 예술가의 초상』··· 134
2. 이민진의『백만장자를 위한 공짜 음식』··· 161

Chapter 1

진로구성상담

Career Construction Counseling

진로구성상담Career Construction Counseling: CCC 매뉴얼은 상담자가 내담자의 진로전환을 돕는 데 사용할 수 있는 원칙 중심으로 개입을 제시한다. 이 매뉴얼에서 일차적인 목표는 대학원생과 현장실무자가 진로구성을 위한 내러티브 상담에 관련된 지식과 기술을 발전시키는 것이다. 간단히 말해 이 매뉴얼은 상담자가 내러티브 개입을 통해서 내담자의 변형을 촉진시키는 데 훨씬 더 지향적으로 사용할 수 있는 방법을 설명한다. 두 번째 목적은 연구자가 치유 연구를 수행할 때 진로구성상담 모델과의 일관성을 높이는 데 도움을 주는 것이다.

이 매뉴얼은 치유의 국면, 회기별 원리 그리고 절차에 대한 개요를 설명하는 진로구성상담을 위한 프로토콜을 제시한다. 각 구성항목은 공통적인 일상의 실무practice를 위해 명료하게 정의되었지만, 여전히 유연한 단계가 포함되어 있다. 상담 기법과 전략은 구체적이고, 명확한 내담자 사례를 통해 예시된다. 비록 구조화되었고, 체계적이지만 융통성이 있는 가이드라인을 통해 상담자는 내담자의 상황과 가치관에 따라 적절하게 대처할 수 있다. 상담자는 가이드라인을 기계적으로 적용하기보다는 내담자의 상황이나 필요에 부합하는 범위 내에서 활용한다.

특정 내담자에 맞춰 개입을 적용하는 방법을 결정하는 것은 창의성이 요한다. 상담자는 내담자가 그들의 목적을 향해 나아가는 데서 무엇이 유용한지를 평가해야 한다. 진로구성 상담자는 행위에 대한 하나의 지도 내에서 즉흥성을 발휘한다. 비유컨대 진로구성상담은 재즈와 같다. 사람들은 악보 없이는 재즈를 연주할 수 없지만 재즈 뮤지션은 음표에 따라 그대로 연주하지 않는다. 대신, 그들은 음표를 창의적으로 사용하고, 때때로 음표 사이에서 연주한다. 진로구성상담 담론과 방법을 알고 활용할 줄 아는 상담자는 특정 내담자의 필요를 충족시키기 위해 자신감 있게 즉흥성을 발휘한다. 피카소의 말을 빌린다면, "전문가처럼 규칙을 배우면 예술가처럼 깨트릴 수 있다"라는 말과 같다.

진로구성상담을 위한 음표는 어디에서 나오는가? 지도 원리와 개입 프로토콜은 일반적으로 직업적 행동과 발달을 위한 진로구성이론에 의해서 알려진다(Savickas, 2002, 2020). 그것들은 특히 내담자의 피드백, 임상 관찰, 그리고 사례연구를 포함한 실무-기반 증거에 의해서 알려진다. 이 매뉴얼은 해당 개입법이 연구 증거나 증명된 결과에 기반을 두었다는 것을 의미하지는 않는다. 오히려 이 매뉴얼은 진로구성상담을 위한 최선의 실무를 상세히 나열하며, 그 최선의 실무를 바로 사례연구의 분석에서 도출된 현장실무자의 집단적 경험으로부터 끌어낸다.[1]

---

1. 진로구성상담은 연구 증거나 입증된 성과에 기반을 둔 것이 아니라 실무 기반 증거에 기반을 두었다는 사비카스의 지적은 곧 진로구성상담의 방법론적 토대가 양적 연구가

실무가 이론을 이끌지 그 반대가 아니다. 사회 노동 기구가 진화하고 진로 궤도가 변화함에 따라 상담자는 이론이 이를 다룰 시간도 갖기 전에 내담자들의 요구에 대응해야만 한다. 이것은 상담 모델이 이론으로부터가 아니라 실무로부터 창발적으로 출현한다는 것을 의미한다(Davis & Harre, 1990). 모델 만들기는 이론을 세우는 것과는 다르다. 응용 심리학에서 이론화는 지속적인 과학적 측정과 실험 혹은 예측의 과정을 통해 개발된 일련의 진술을 공식화함으로써 한 가지 현상을 설명하는 것을 목표로 한다. 상담 전문직에서 모델이란 실무-기반 지식의 체계화를 의도한 담론적 장치a discursive device[2]이다. 따라서 진로구성이론은 응용 심리학의 일부로서 직업 행동과 그 발달 현상을 설명하는 것을 목표로 한다. 이와 비교해서 진로구성상담 모델은 상담 전문직의 일부로서 진로상담의 실무에서 내러티브 개입을 공식화하고 체계화하는 담론 discourse[3]을 제시한다.

아닌 질적 연구라는 점을 짐작하게 해준다. 진로구성상담은 '과학자-실무자 모델'보다는 '실무자-학자모델'이나 '실무자-연구자 모델'에 부합한다(안현의, 2003 참조). 그렇다고 해서 진로구성상담이 이론을 결여한 시행착오에 입각한 주먹구구식 접근은 아니다. 진로구성상담이론은 질적 연구에 기반을 둔 실무 지향적 이론으로서 본래 리쾨르Ricoeur의 내러티브 해석학과 켈리Kelly의 구성주의 심리학 및 맥아담스McAdams의 내러티브 심리학이라는 철학적-심리학적 이론을 토대로 구축되었다.

2. 본래 discoursive는 사전적으로 '산만한', '두서없는'을 뜻한다. 그러나 진로구성상담모델이 '산만하고 두서없는 모델'이라고 표현한다면 체계화라는 말과도 맞지 않고, 과도한 자기폄하로 오인될 수 있다. 그 보다는 진로구성상담 모델이 담론을 제시하는 것을 목표로 한다는 점에 맞춰 '담론적'이라고 이해하는 것이 더 자연스럽다.

3. 여기서 말하는 담론이란 진로 분야에 대표적인 파슨스, 홀랜드의 직업안내, 슈퍼의 진로교육 그리고 사비카스의 진로상담 모델 등을 염두에 두고 쓴 용어다.

구성에 비교한 지침

1909년에 파슨스가 기본적인 모델 만들기를 시작한 이래로 상담자들은 서로 구별되는 개입과 서비스—직업 안내, 학문적 조언, 진로 교육, 직업 알선, 진로발달, 진로 코칭, 직업 재활 그리고 진로구성(Savickas, 2015a)—를 구조화하는 수많은 절차를 통해 다면적인 담론을 산출해 왔다.

본서의 목적상 나는 다만 점수에 기반을 둔 직업 안내의 실무와 스토리에 기반을 둔 진로구성상담의 차이를 분명히 하고자 한다. 직업지도는 논리 실증주의에 기반을 둔다. 이 담론은 상담자를 주체로 그리고 내담자를 객체로 상정한다. 직업지도는 능력, 흥미, 성격 특질과 같은 본질주의적 범주의 조건에 따라 내담자가 원형 및 직업 집단과 객관으로 얼마나 유사성이 있는지 측정한다. 지도적 담론으로서 진로구성상담은 내담자와 상담자 둘 모두를 주체로 상정한다는 점에서 이중적 해석학(Rennie, 2012)[4]을 선호한다. 진로구성상담은 내담자가 누구와 닮았는지를 가리키는 검사 점수보다는 내담자의 독특성을 보여주는 스토리를 이용한다. 내담자 각각의 다른 설명을 제공하기 위해, 진로구성상담은 의도, 목표, 그리고 소명calling (Madigan, 2011)과 같은 구성주의적 범

---

4. 상담 장면에서 내담자와 상담자, 질적 연구에서 연구 참여자와 연구자는 각자 해석의 주체다. 내담자와 연구 참여자가 진술하는 그들의 경험은 단순히 상담자나 연구자가 탐색하는 중립적 사실이 아니라 이미 해석되고 구성된 사실이다. 따라서 상담자와 연구자는 이를 재해석하고 재구성하며 재차 내담자와 상담자 간에, 연구 참여자와 연구자 간에 논의를 통해 공동 해석, 공동 구성한다는 점에서 이중적 해석학이다.

주를 평가한다. 요컨대 지도하기는 점수에 집중하지만, 구성하기는 스토리에 집중한다.

지도와 구성하기 사이의 차이에 관해 좀 더 학습하기 위해서는 사비카스(2012, 2015a)를 참조해 보기 바란다. 본서에서는 직업지도와 진로구성상담 모두 중요한 개입이지만 그럼에도 불구하고 그것들은 현저하게 다르다는 점을 지적하는 것으로 충분하다. 숙련된 현장실무자는 내담자의 필요에 따라 어느 쪽 담론이든 실행할 수 있다. 상담자는 전문가가 되기 위해서는 자신의 규율을 하나 이상의 담론의 관점에서 알아야 한다. 그리고 유능한 상담자가 되기 위해서는 그들은 다중적 서비스를 제공할 수 있어야 하며, 다양한 개입을 적용할 수 있어야 한다. 그와 같이 진로구성상담은 직업지도를 대체하기보다는 그것과 병행하기 위한 것이다.

상담자가 직업지도든 진로교육이든 혹은 진로구성상담이든 한 가지 명확한 담론에 머무르며 적용할 때, 특정한 목적을 위해 규정해 놓은 그리고 특정한 원리와 실무에 의해서 형성된 의미론적 경로를 밟게 된다. 진로구성상담의 담론의 길은 진로를 한 사람이 자신의 일의 생애 working life[5]에 관해 들려주는 하나의 스토리로 정의내림으로써 출발한다. 우리는 언어 속에 살기 때문에 그 스토리는 직업적 선택과 일의 행동에 의미를 부여한다. 진로구성상담은 내담자와 상담가 사이의 의미를 만들어내는 대화의 경로를 따라가며 먼저 내담자로 하여금 연속성

---

5. work나 working을 '노동'이라 번역하면 일의 의미나 범위를 다분히 경제적 의미로 좁게 이해하기 쉽다. 일에는 생산활동으로서 노동뿐만 아니라 관계형성의 사회·정치적 의미 그리고 가치와 관련된 문화(종교와 도덕 포함), 예술적 의미를 모두 포괄한다.

과 일관성을 갖춘 하나의 진로 스토리[6]를 서술하도록 격려하고, 그런 다음 내담자가 살기 원하는 삶을 추구하기 위한 적응 행동을 하도록 유도한다.

이 매뉴얼은 진로구성상담의 실무의 목표와 원리를 언어학적으로 기술하고 조작적으로 정의내림으로써 내담자에게 자신의 진로를 구성할 수 있도록 힘을 실어준다. 내담자와 상담자는 매뉴얼이 안내하는 개입의 과정에 따라 관계를 형성하면서 진로 문제를 협력적으로 다루며 업무의 역할 문제를 해결해 나간다.

내러티브를 사용하는 이유

사람들은 자신의 삶을 조직화하고, 자신의 정체성을 구성하고, 문제를 이해하기 위해 스토리를 사용한다. 내담자는 어떤 전환에 관한 이야기를 들려주며 상담으로 진입한다. 사람들이 들려주는 스토리는 그들을 보듬어 주는 한 가지 방식을 갖는다.[7] 그 스토리를 관계 속에서 유지함으로써 상담자는 내담자로 하여금 자신의 삶을 성찰할 수 있도록 해준다. 그들 자신의 스토리를 살아내는 일은 의사결정을 막는 낡은 생

---

6. narrative, story, telling 등의 여러 유사 표현을 구별하기 위해 각각 '내러티브', '스토리', '이야기'로 번역한다.

7. '보듬어주는 환경holding environment'이라는 표현은 본래 위니컷Winnicott이 제안한 용어로서, 사비카스(2011)는 생애 스토리를 생애를 '보듬어주는 환경'이라고도 표현한다.

각을 와해시키고, 선택을 촉진하는 각성을 할 수 있게 한다. 내담자가 자신의 스토리에 목소리를 내면 그들은 자신이 이미 알고 있는 것을 듣게 되고, 그들이 원하는 답을 찾게 된다. 스스로 알고 있는 지식에서 새로운 관점이 생겨나면서 내담자로 하여금 자신의 진로 스토리를 변경할 수 있게 한다. 새로운 전망의 관점은 내담자로 하여금 자신의 스토리를 정교하게 하거나 변화시킴으로써 선택을 분명하게 해주며, 전환을 연결하는 변형적 행위를 촉진한다.

표1에서 개괄한 것처럼, 진로구성상담의 과정은 콜브(Kolb, 1984)의 경험적 학습 주기, 그리고 왓슨과 레니(Watson & Rennie, 1994)의 내담자 작동 모델과 유사한 한 가지 표준적인 순서를 따른다. 그 과정은 내담자의 긴장tension을 다루며 구체적 경험에 대한 상징적 재현을 제공하는 미시적-내러티브들을 구성함으로써 시작한다. 그런 다음 [스스로에게] 한계를 부여하는 생각과 자기를 부정하는 신념을 성찰적인 관찰과자기-검토에 주의attention를 집중함으로써 해체하는 일이 뒤따른다. 세 번째 단계는 새로운 깨달음을 낳는 추상적 개념화에 입각해 하나의 거시적-내러티브를 재구성함으로써 새로운 지향intentions을 산출한다. 끝으로 내담자와 상담자는 현실 세계 속에서 적극적인 실험을 통해 자기 수정을 확장시키는extends 행위 계획을 함께 공동 구성한다.[8]

---

8. 사비카스가 상담과정을 일부러 tend라는 어근을 중심으로 tension, attention, intentions 그리고 extends라는 단어를 일관되게 사용하는 의도를 고려해야 한다. tend 는 '경향', '동향'의 운동성과 '돌봄', '시중', '보살핌'의 의미를 함께 갖는다. 진로구성 상담은 내담자의 tension에 attention하며 그와 그녀의 intention을 발견하여 미래로 extension하는 내내 상담자가 이야기를 매개로 내담자를 돌보며 내담자의 전환에로의 운동, 경향성을 불어넣으려는 것을 목표로 한다.

표1. 진로구성상담을 위한 순서의 개요

내담자 경험	진로구성하기 (Savickas, 2019)	학습 주기 (Kolb, 1984)	내담자 작동 (Watson & Rennie, 1994)
긴장Tension	구성	구체적 경험	상징적 재현
주의Attention	해체	성찰적reflective 관찰	반사적reflexive[9] 자기-검토
지향Intention	재구성	추상적 개념화	새로운 깨달음
확장Extension	공동구성	적극적 실험	자기 교정하기

핵심 요소

진로구성상담에서 핵심 요소는 **관계, 성찰,** 그리고 **의미-만들기**[10]가 있다. 진로구성 현장실무자는 관계를 형성하고, 성찰을 촉진시키고, 의미-만들기를 격려하는 데 전문가이다. 그들은 경험의 조직화와 재조

---

9. reflection과 reflexion의 차이, 특히 내러티브 진로상담에서 차이를 첸(Chen, 2011)은 잘 설명해준다. "성찰성reflectivity은 내레이터와 배우가 자신의 현상학적 관점에 근거하여 역동적이고 다양한 의미 해석을 할 수 있는 주관적 본성의 감각을 전달한다. 반면 반사성reflexivity은 주관적 의도와 다양한 현실 확인으로부터의 피드백 사이의 상호작용적이고 다면적인 의사소통을 나타낸다." 대개 심리학 분야에서 reflection을 '반영'으로 해석하는데 이는 거울에 비쳐진 이미지라는 뜻으로 제한적 의미를 갖는다. 반면 '성찰'은 자신의 생각, 정서, 욕구, 신체감각 등에 대한 내성과 그 의미에 대한 고찰의 뜻을 포괄적으로 담는다. 또한 reflexion, reflexive는 모두 환경으로부터 자극에 대한 언어적, 행동적 반응의 의미의 '반사'라는 뜻으로서 상호작용으로부터 피드백의 의미를 내포한다.
10. 이하 본문 속 굵은 글씨는 모두 역자가 강조한 것이다.

직화를 통해 내담자의 의미-만들기를 수월하게 하는 데 능숙하다. 그들은 협력적 관계가 이런 의미-만들기를 위한 보듬어 주는 환경을 제공한다는 점을 깨닫는다. 그리고 이런 안전한 공간 속에서 상담자는 내담자의 자기-성찰을 유도하여 진로 재구성의 과업을 위한 지향점을 산출해내는 방법을 알고 있다.

■ ■ ■ 관계

첫 번째 만남 전에, 내담자는 상담자가 자신을 판단하지 않을까, 자신을 함부로 대하지 않을까 혹은 자신을 도울 수 없는 것 아닐까 걱정을 할 수 있다. 그런 까닭에 상담의 첫 번째 목표는 관계를 수립하는 것이다. 진로구성상담은 평등한 협력적 관계를 형성하는 두 명의 전문가와 관련된다. 내담자는 자신의 스토리의 내용에 대한 전문가이고, 상담자는 변화의 과정에 대한 전문가이다. 그래서 진로구성상담의 첫 번째 과업은 내담자가 자신의 이야기를 하며 성찰할 수 있을 만큼 충분히 안전하다고 느끼는 관계를 [처음으로] 시작하는 것이다.

내담자와 상담자 사이의 관계는 내담자가 "암시적이고 무의식적인 것"(Strern, 2004) 혹은 "알지만 생각할 수 없는 것the unthought known"(Bollas, 1987)을 포함해 자신의 생각과 생애 스토리를 전달하는 데 편안함을 느끼도록 보듬어 주는 환경을 위한 확고한 기반을 세운다. 포스터E. M. Forster(1927/1985, p.99)가 썼듯이, "난 내가 말하는 것을 보게 될 때까지 내가 생각한 것을 어떻게 변별할 수 있을까?"[11]

---

11. 원문은 "How can I tell what I think till I see what I say?"이다. 직역하면 "나는 내가

내담자는 그들이 자신의 스토리를 상담자에게 이야기하면서 암시된 지식 그리고 생각해본 적 없는 생각을 좀 더 완전히 알 수 있게 된다. 신뢰받는 상담자와의 확고한 관계 속에서 내담자는 자신이 이미 아는 것을 더 잘 이해할 수 있고 성찰할 수 있다. 상담자는 관계 속에서 내담자 편에서 내담자가 필요로 하는 것이 내담자 내부에 있다고 믿는다. 내담자는 상담을 이용해서 그들이 자신에 대한 더 잘 알고 자신의 상황을 이해하는 것을 막는 장벽을 제거함으로써 그들 자신을 더 온전하게 만들고, 더욱 자기답게 만들 수 있다.

■ ■ ■ 성찰

명시적인 자전적 성찰을 통해 내담자가 자신의 삶에 대한 앎을 심화시킴에 따라 구성과 재구성은 진화한다. 진로구성상담은 자기의 현재 의미에 대한 자기-성찰에 초점을 맞추며 시작한다. 왜냐하면 사람들은 과거를 항상 현재에서 바라보기 때문이다. 상담자는 내담자의 현재 자기와 상황을 그들 자신의 선택과 행동의 결과로 묘사함으로써 내담자로 하여금 그들 삶에서 연속성과 일관성을 검토하는 쪽으로 이동하게 한다. 의미-만들기 쪽으로 이렇게 이동함으로써 내담자는 자신의 생애 스토리를 다른 전망으로부터 바라봄으로써 그것들을 재조직화하는 위치에 서게 된다.

말한 것을 볼 때까지는 내가 생각한 것을 어떻게 이야기할 수 있을까?"이다. 그러나 이어지는 문맥상 tell은 단순히 이야기하는 것이 아니라 변별, 구별한다는 의미로 해석하는 게 적절하다. 상담에서도 내담자가 자신이 말하는 것을 스스로 들을 수 있을 때, 비로소 자신이 생각했던 것을 분명히 알게 된다.

진로구성상담에서 회고적 성찰의 내용은 비계설정scaffolding[12] 질문에 의해 이끌어낸 작은 스토리들로부터 나온다. 그 질문은 내담자로 하여금 자신의 문제에서 한 발짝 떨어지게 함으로써 성찰을 위한 공간을 만들도록 유도한다. 그런 다음 내담자가 맥락과 주변 조건, 도전에 대한 현재 이해를 드러내는 시작 부분의 스토리에 대해 이야기하고 성찰하면서, 자기-구성과 자기-조직화 과정이 발생한다. 미시적-내러티브에 대한 이런 자전적 추론은 의미-만들기와 의미 구성을 위한 가능성을 제공한다. 작은 스토리들을 이야기하면서 내담자는 그들 자신의 바깥으로 벗어날 수 있고 좀 더 손쉽게 자신의 생애를 거리를 두고 검토할 수 있게 된다. 그런 다음 그들은 더 큰 스토리 내부에서 그들 생애를 경험할 수 있는 그런 거시적-내러티브를 재구성할 수 있다. 이런 더 큰 스토리 혹은 수정된 정체성 내부에서 의미 만들기를 통해서 지향점을 의식적으로 함양할 수 있다.

■ ■ ■ 의미-만들기

의미-만들기는 진로구성상담의 핵심 요소이다. 왜냐하면 그것은 생애 목표를 명료하게 하며, 지향성을 조성하며, 전념하도록 격려하

---

12. Scaffolding은 교육학 용어로서 아동이나 초보자가 주어진 과제를 잘 수행할 수 있도록 유능한 성인이나 또래가 도움을 제공하는 지원의 기준이나 수준을 의미한다. 우드 D. Wood, 부르너J. Bruner, 로스G. Ross가 비고츠키Vygotsky의 이론을 효과적으로 적용하려고 제시한 개념이다. 원래 비계는 건축공사를 할 때 높은 곳에서 일할 수 있도록 설치하는 임시 가설물로, 재료 운반이나 작업을 위한 통로 및 발판을 의미한다. 수업에서 힌트를 주거나 암시를 주는 것도 은유상 비계를 설정하는 행위의 일종이라고 할 수 있다.

기 때문이다. 견고한 사회 속에서 살았던 이전 세대는 안정성, 목표 감각, 그리고 30년 경력을 보장하는 프레임을 제공하던 조직에 전념할 수 있었다. 오늘날 포스트-모던의 유동적인 사회는 불안정성, 불확실성 그리고 위험을 발생시킨다. 유동적인 사회 속에서 많은 사람들은 "난 어떻게 살아야 할까?" 그리고 "난 나의 열망을 성취하기 위해 내 삶을 어떻게 디자인해야 할까?"라는 질문에 대해 혼자의 힘으로 답을 해야 한다. 사회 기구는 그들 부모와 조부모에게 이런 질문에 대한 답을 주었던 규범적 대본을 더 이상 제공하지 않는다. 오늘날 개인은 작가적인 지향점에 의해 형성된 정체성 기획에 전념함으로써 이런 질문에 대답해야 한다. 이를 위해서는 개인이 조직이나 기구에 의해서 이미-작성된 진로 스토리보다는 그들 자신의 기획에 전념해야 한다.

진로구성상담은 내담자로 하여금 의도를 분명히 표현하고, 지향점을 형성하고, 전념함으로써 그들 생애의 의미를 만들도록 격려한다. 물론 진로 결정은 이미 이루어졌지만, 그럼에도 불구하고 진짜 성과는 의도 감각이다. 왜냐하면 이 감각은 하나의 진로를 구성하게 될 수많은 선택을 알려주기 때문이다. 의도 감각은 삶에 방향을 설정하는 지향성을 낳는다. 이런 까닭에 진로구성상담은 지각을 통제하며 가능성을 비춰주는 의도를 분명히 하는 의미-만들기를 강조한다. 요컨대 의도는 일의 사회적 세계 속에서 행동을 조종하는 지향점을 낳는다.

진로구성상담에서 의미-만들기는 내러티브를 구성하는 것과 관련된다. 내담자는 하나의 스토리를 완료하고, 스토리가 해체되거나 혹은 스토리로부터 벗어난 후에서야 [비로소] 상담하러 온다. 그들은 자신의 상황과 그 속에서 대처하는 법을 더 이상 이해할 수 없다. 그들은 [기존의 스토리로부터] 분리separation[13]를 이해해야 한다. 왜냐하면 그 분리는 갈피를 못 잡게 하며 평소의 삶을 방해하거나 지장을 주기 때문이다. 대부분의 내담자는 길을 잃었다고 느끼며 자신이 누구이고, 무엇을 해야 하는지를 자신에게 말해주는 아무런 대본도 없이 새로운 상황과 직면했다고 믿는다. 그들은 자신의 스토리에서 다음 장을 위한 시나리오를 작성하기 위해서 [현재] 벌어지는 일을 해석할 필요가 있다. 의미를 만든다는 것은 그들이 질서를 회복하고 적응을 촉진하는 말과 스토리 속에서 새로운 상황을 이해해야 한다는 것을 뜻한다. 새로운 대본은 무슨 일이 벌어지는지를 분명히 밝혀주고, 행동을 위한 가능한 대안을 제시해주며 이치에 맞게 설명을 해주는 플롯을 짜준다. 진로구성 상담자에게 행위action는 의미가 주입된 행동behavior[14]을 지칭한다. 켈리(Kelly, 1955)가 오래전에 가르쳤던 것처럼, 사람들은 행위를 하고 그 다음 무슨 일이 벌어지는지를 지켜봄으로써 세상을 알게 된다. 상담은 내담자가 그들이 상담 동안 저술한 새로운 내러티브 속에서 예비적으로 이해한 것들을 검증하기 위해 의도적인 행위에 관여하게 될 때 상담이 완료된다.

---

13. 여기서 추상적으로 '분리'라고 말하지만 구체적으로 그것은 생애에서 예상치 못한 실직, 새로운 생애과업, 업무전환 등과 같은 것들로 인해 이전 스토리들과의 연결성이 끊어졌다고 느꼈을 때를 말한다.

14. 행위action와 행동behavior의 차이를 이해할 필요가 있다. 듀이Dewey에 따르면 행동 중에는 목적의식이 없이 이루어진 무의식적, 반사적, 주먹구구식 행동도 있다. 그러나 제대로 된 의미의 경험, 학습이 이루어지기 위해서는 먼저 경험과 학습의 주체가 자신의 문제 상황을 인식하고 문제해결을 위해 의미를 갖는 행동으로서 행위를 수행하고, 환경의 피드백을 겪으며 의미와 피드백 사이의 차이를 성찰하는 것이 필요하다. 이런 차이에 대한 성찰을 기반으로 수정된 의미를 갖는 행위가 다시 연속된다. 이런 점에서 켈리의 구성주의는 듀이의 경험의 상황성, 상호성, 연속성의 원리를 기반으로 하는 셈이다.

진로구성 상담자는 의미-부여하기, 즉 개인적 스토리를 불러일으키는 비계설정 질문을 통해 내담자의 의미-만들기와 의미 구성에 영향력을 행사하는 시도에 참여한다. 이런 스토리를 창안하는 질문은 혁신적 행위를 촉진하는 새로운 설명을 재구성하고, 재-조직화할 수 있는 새로운 관점으로 빠르게 [내담자를] 이끈다.

구성주의 상담이 내담자의 의미를 해석해야 한다고 염려하는 상담자에게 나는 의미-만들기가 해석과 다르다(Matlis & Christianson, 2014)고 주장한다. 의미-만들기는 사람들이 불확실하고 애매한 상황을 구조화하고, 의미를 부여하는 과정이다. 해석은 상담자가 잠재된 내용을 확인하고 숨겨진 의미를 드러냄으로써 내담자의 통찰을 촉진하는 전문가로 자리매김한다. 해석은 의미의 프레임이 이미 존재하며, 상담자는 실마리를 사용해서 내담자 속에서 의미를 인지한다는 점을 함축한다. 예를 들어 시험적인 해석에서 상담자는 내담자의 행동에서 찾아낸 단서를 이용해 그들을 RIASEC의 틀(Holland, 1997) 속에 위치 지운다. 이와 대조적으로 의미-만들기는 상담자 해석보다 내담자의 발명과 발견에 관심을 둔다(Weick, 1995). 의미-만들기에서 내담자는 먼저 사건과 전망을 구성하며, 그런 다음 이미 존재하는 틀을 사용하는 것이 아니고 그들 자신의 의미 틀을 창안하여 그들 스스로 그 사건과 전망을 이해하고 생각할 수 있게 한다. 요컨대, 내러티브의 구성이나 저술은 의미-만들기에 선행한다. 또한 주목되어야 할 것은 내담자가 선호하는 의미-만들기를 위한 틀이나 관점을 객관적이거나 혹은 올바른 것이라고 여겨서는 안 된다는 점이다. 어떠한 특정한 관점이라도 의미 만들기와 의미 발생시키기에 유용한 경험을 조직화하는 많은 가능한 방식 중 하나이다.

Chapter 2

전환 내러티브

구성주의 상담자는 첫 번째 회기를 이용해서 내담자로 하여금 진로 스토리를 말하게 하여 자전적인 성찰과 추론을 하도록 유도한다. 상담자는 첫 번째 회기에 전환 내러티브를 이끌어내고 진로구성면담을 진행한다. 두 번째 회기에서 내담자는 자신의 응답을 이용해서 자신의 전환의 의미를 만들며, 지향점을 형성하고, 목표를 설정하고 행위 계획을 세운다. 전환 내러티브를 끌어내기 위해 상담자는 내담자와의 초기 관계를 구축한다.

전환 내러티브를 이끌어내기

■ ■ ■ **목표**

관계 수립, 목표 형성, 과업 기술을 통해
작업 동맹을 구축하라.(Bordin, 1979)

■ ■ ■ **근거**

상담을 시작할 때, 상담자는 내담자에게 과정에 대한 오리엔테이션을
한다. 상담자는 무엇을 기대할 수 있는지 설명을 해줌으로써 내담자를
상담에로 이끈다. 그들은 암묵적으로든 명시적으로든 상담 과정의 세 가
지 측면을 전달한다. 첫째, 내담자는 그들 자신의 생애 내용에 대해 전문
가인 반면, 상담자는 변화의 과정에 대해 전문가이다. 둘째, 내담자는 상
담 회기를 지휘하며, 상담자는 그 과정을 관찰하며 뒤에서 이끈다. 그리
고 세 번째로 상담자가 할 일은 내담자가 작업하도록 유도하는 것이다.
상담자의 천재성은 질문하는 데 있지, 답을 제공하는 데 있지 않다.

이를 염두에 두고, 상담자는 내담자가 있는 지금 여기에서 그들을 만
난다. 상담자는 내담자의 염려concern[1]와 목표를 수용하면서 내담자가
자신이 전문가이며, 회기를 지휘한다고 느끼도록 돕는다. 내담자가 처
한 상황에 대해 갖는 그들의 의미와 느낌을 탐색함으로써 내담자가 앞

---

1. concern은 맥락에 따라 부정적 의미의 '염려' 혹은 중립적 의미의 '관심'으로 다르게 번
   역될 수 있다.

으로 나아가는 것을 쉽게 해준다. 이를 행할 때 상담자는 내담자의 장점을 인지하고 [내담자에게] 반영해준다. 상담자는 또한 내담자에게 그들이 보살피고 있다는 점을 알게 해준다. 내담자는 진정한 보살핌의 지표로 인해 믿을 수 없을 정도로 감동받는다. 많은 내담자들은 그들의 상담자가 [그들을] 보살피고 있다는 점을 보여주었을 때가 가장 중요한 순간이었다고 보고한다.

■ ■ ■ 진입 질문

내담자와 초기 관계를 수립하고 비밀 보장을 한 연후에, 상담자는 진입 질문을 물음으로써 협력을 위한 토대를 마련한다. 학문적인 조언이나 직업지도를 제공할 때 상담자는 조언과 지침을 제공해야 하기에 어떤 식으로 해야 도움이 될지how they may be helpful 묻는다. 구성주의 상담자는 다음과 같이 묻기를 선호한다. "제가 어떻게 하면 당신에게 유용할까요?How may I be useful to you?"[2] 이런 진입 질문을 할 때, 구성주의 상담자는 '유용한useful'이라는 단어를 사용하기를 선호한다. 왜냐하면 그들은 내담자가 이 면담을 어떻게 이용할 계획인지를 알고 싶기 때문이다. 내담자의 초기 응답 후에, 상담자는 완료되었다고 가정하지 않는다. 내담자의 마음이 열리도록, 상담자는 뭔가 더 있나요? 라고 물

---

2. 사실 이 문장에 대한 한국식으로 더 자연스러운 번역은 "제가 어떻게 도와드릴까요?" 일 것이다. 그러나 사비카스는 helpful이란 단어를 쓰지 않고 useful을 사용한 데에는 이유가 있다. helpful은 도움을 제공하는 상담자 관점인 반면, useful은 내담자 관점에서 상담을 자신의 진로문제 해결에 활용한다는 의미를 갖는다. 상담자 입장에서는 도움을 준다고 여겨도 내담자 입장에서는 전혀 유용하지 않을 수 있다는 점을 상기하자.

음으로써 내담자가 [자신의 계획을] 자세히 하도록 유도한다.

내담자가 말할 때, 상담자는 감정에 귀 기울인다. 일부 내담자는 정서[3]를 자유롭고 온전히 표현하는 반면, 어떤 내담자는 절제적인 것처럼 보인다. 비록 한 내담자가 감정 단어를 사용하지 않는다고 하더라도, 상담자는 내담자가 처한 상황의 느낌에 주의를 기울인다. 내담자는 허락과 유도 덕분에 변화의 최첨단을 암시하는 좀 더 깊은 정서에 대해 이야기할 수 있게 된다. 부정적이지만 적당히 격렬한 정서는 변화의 필요의 신호이며, 의미-만들기를 부채질하는 에너지를 제공한다. 일부 상담자는 내담자에게 정서는 "나$_I$에서 나$_{me}$에게 소통함"(Leitner & Fraidley, 2003)이며, 이로써 [내담자는] 자신이 무엇이 되고 싶은지 쪽으로 관심을 유도한다고 설명한다.

내담자의 문제가 많은 사람들이 이해할 수 있고, 경험하는 문제라고 설명함으로써 내담자의 문제를 정상화하는 것이 좋은 아이디어다. 설명은 내담자의 상황에 대한 분명한 개념화의 진술이어야 하며, 그 상황에 대한 새로운 사고방식을 암시해야 한다. 상담자는 내담자가 죄책감이나 수치를 표현하지 않는다면, 즉 문제에 대해 문제를 갖지 않는다면, 이런 정상화를 간결하게 수행한다. 이런 경우, 상담자는 문제를 갖는 것에 대한 내담자의 감정을 처리한다.

상담자마다 수집하는 배경 정보의 양은 다르다. 개인적으로, 나는 뒷이야기를 거의 수집하지 않는다. 왜냐하면 나는 관련된 정보가 상담 동

---

3. 심리학 분야에서는 affect는 '정동', '정념'으로, feeling은 '감정'으로, emotion은 '정서'로 주로 번역한다.

안 필요하면 출현할 거라고 믿기 때문이다. 그러나 일부 상담자는 내담자의 교육, 과거 직업이력에 대한 좀 더 상세한 정보를 알기를 선호한다. 이런 상담자들은 상당히 많은 시간을 [내담자의] 히스토리를 얻는 데 할애하지만, 대개 이는 내담자가 아니라 상담자를 편하게 할 뿐이다. 이처럼 히스토리를 얻는 데 시간을 보내는 일로 회기를 시작하게 되면, 상담자가 상담 진행 절차를 통제하게 되며 심지어 내담자에게 상담자가 정보를 수집하고, 진단을 내리고 그런 다음 문제를 해결하는 내과 의사와 유사하다는 인상을 준다.

■ ■ ■ 팁

- 개입이 유용할 것이라는 확신을 전달하라.

- 내담자가 이미 진로 문제 해결에 맞춰 행했던 명확한 행위에 대해서 그것이 무엇이었든지 인정하고 칭찬하라.

- 내담자 자신을 포함해서 문제에 대해 항의와 비판 혹은 그 문제를 지지하는 사람들을 정당화하라.

- 내담자의 메타포와 공명하는 메타포를 사용하라. 예를 들어 만일 내담자가 항해 중 길을 잃었다고 느끼면, 상담자는 콤파스, 네비게이션, 폭풍우, 안전한 항구와 같은 종류의 메타포를 사용하라.

- 스토리 속의 틈새, 즉 말해지지 않은 것 혹은 말해질 수 없는 것을 고려하라.

- 내담자가 울 때 그들은 자신이 무엇이 필요한지를 느낀다.

- 눈물을 인정하고 그것을 쫓아 충족되지 못한 필요까지 따라가라.

- 내담자의 침묵을 존중하라. 근거를 갖춘 자기grounded self로부터 발생할 다음 필요 혹은 모습을 기다려라. 멈춤의 힘은 이런 비옥한 공허 안에 놓인다.

- 한숨을 쉴 때 내담자가 그 다음에 무엇을 말하든지 그것을 완전하게 표현함으로써 한숨을 탐색하라. 한숨은 그들을 숨 막히게 만든 생각 때문에 일 수 있다.

- '모든 사람이 그런 식으로 느낀다'와 같은 일반화에 저항하라.

- '할 수 있다could', '선호한다prefer', '원한다want'를 대신하여, '할 의무가 있다should', '당연히 해야 한다ought', 혹은 '무조건 해야 한다must'와 같이 진술하는 문장에 이의를 제기하라.

- 희망, 추구, 욕망, 아쉬움, 결핍과 같은 필요의 신호가 되는 단어를 강조하라.

- 의미를 강화하는, 이후 논의의 촉진을 위한 단어를 주목하라. 왜냐하면 그런 단어는 융통성 없는 행동 혹은 잠재적인 스트레스 요인의 신호이기 때문이다 : 매우, 극단적으로, 항상, 정말로, 전적으로, 절대적으로.

- [상담자] 여러분이 좋아하거나 혹은 내담자에게 필요할 거라고 생각하는 개입이나 절차보다는 내담자가 원하는 것에 천착하라. 여러분은 진로상담의 결론에 이르러 추가적 개입이나 서비스를 권유할 수 있다.

내러티브 내용과 형식에 대해 평가하기

개인은 새롭고 애매하거나 예상치 못한 사건에 대처하고 쟁점을 이해하기 위해 상담자를 찾는다. 진입 질문에 대한 내담자의 응답은 자신의 현재 전환을 품는 스토리를 들려준다. 이 스토리는 이어지는 상담을 위한 틀을 제공한다. 상담자는 내담자가 문제를 얼마나 잘 스토리로 풀어 내는지, 즉 얼마나 잘 경험의 의미를 이해하고 스토리로 마무리하는지를 평가한다. 상담자는 그 짧은 스토리를 이해하는데, 나는 그것을 전환 내러티브라고 부른다. 왜냐하면 나는 이 내러티브가 전조가 되어 보여 주는 주제적 관심으로 펼쳐지는 잠재성을 기대하기 때문이다. 전환 내러티브는 복잡한 문제를 예견하고 새로운 통찰을 약속하며 가능한 해결책을 제시함으로써 상담자가 앞으로 나아가도록 유도한다. 숙련된 상담자는 종종 이 짧은 스토리의 시작 단계에서 상담의 성과를 예견한다. 그러나 내담자는 아직 그런 성과를 상상하지 못하며 상담의 과정을 경험해야 자신이 전환 내러티브에서 예견했었던 것을 이해할 수 있다.

■ ■ ■ 내레이션 내용

내담자의 스토리를 이해하기 위해 상담자는 스토리 내용과 내담자가 그 스토리를 전달하는 방식을 의미와 강점 측면에서 모두 평가한다. 스토리 내용은 내담자 문제, 다른 사람들 그리고 상담자와의 관계에서 자기를 어떻게 설정하는지를 설명한다(Madill, Sermezis & Barkhan, 2005). 다음 네 가지의 질문이 상담자가 스토리 내용을 평가하는 데 도움을 준다.

• 문제와 관련해서 내담자는 그 상황을 부정적 표식이나 심리학적

용어를 사용해서 고정된 조건 속에서 기술하는가, 아니면 몇 가지의 긍정적 정서와 함께 좀 더 융통성 있게 기술하는가?

- 자기 자신과 관련해서 내담자는 문제에 대처하는 개인적인 행위주체성의 감각a sense of personal agency을 표현하는가?

- 다른 사람들과 관련하여 내담자는 자신을 사회적 지지와 도구적 자원이 있는 사람으로 생각하는가?

- 상담자와 관련해서 내담자는 자신을 적극적인 협력자로서 인식하고 있는가?

상담자는 거의 즉각적으로 [그들이] 상담자와의 협력 속에서 공동체의 자원을 활용하여 문제를 해결하고자 하는 행위 주체의 위치로 내담자를 옮기기 시작한다.

■ ■ ■ **과정 내레이팅**

상담자는 스토리 내용 외에도 내담자가 자신의 스토리를 전달하는 방식에 대해 평가한다. 구성주의 상담자는 내러티브 내용 속의 의미와 감정을 평가하여 내담자와 소통할 수 있는 최선의 방법에 대해 숙고한다. 상담자는 다음과 같이 자문한다. "스토리 내용은 그것이 내담자에게 어떤 의미를 갖는지 그리고 내담자가 그것을 어떻게 느끼는지를 얼마나 분명하고 일관되게 표현하고 있는가?" 정서-중심 치료의 창안자는 내담자가 하나의 스토리를 형성하는 여섯 가지 다른 방식을 밝혔다(Angus & Greenberg, 2011). 이런 스토리 형식은 내담자가 상담을 통해 성취하고자 하는 것에 대해 이야기해주는 전환 내러티브에 쉽게 적용된다. 일부 스토리 형식은 상담자로 하여금 내용의 의미를 이해하는 데 집중하도록 이끌어주는 반면, 다른 스토리 형식은 감정으로 주의를 끌어들인다. 여섯 가지 스토리 형식으로는 똑같은 오래된 스토리, 말해진 적 없던 스토리, 스토리화된 적 없는 정서, 변화하는 스토리, 비어있는 스토리, 갈등 스토리가 있다.

첫째, 흔해빠진 스토리. 이런 방식의 스토리에서 내담자는 상황이나 문제를 일반화한 표상을 제시한다. 표지가 되는 단어로는 '결코', '항상', '지속적으로', '영원히'가 있다.

> **사례:** 저는 현재 직업을 유지해야 하는지 아닌지에 대해 고민중입니다. 저는 군복무 이후 지금까지 항상 이 일만을 해왔거든요. 전 제가 이 분야에 남아야 하는지 알고 싶습니다. 저는 지난 여러 해 동안 직업을 바꾸는 것에 대해 여러 번 생각해 보았습니다. 그러나 전 결코 직업을 바꾼 적이 없습니다. 저는 제가 은퇴할 때까지 내가 있는 곳에 남기로 항상 결정을 했습니다. 그러나 지금 다시 직업을 바꾸는 것에 대해서 생각을 많이 하는 중입니다. 지속적으로 그것에 대해서 생각합니다.

상담자는 내담자의 스토리가 무엇을 의미하는지 의아스러울 때, 내담자가 자신의 스토리를 좀 더 구체적이고 특정한 것들로 덧붙임으로써 그 의미를 구체화하도록 유도한다(Kashdam, Barrett, & Mcknight, 2015). 흔해빠진 스토리를 이야기하는 내담자를 돕기 위해서, 상담자는 내담자의 스토리의 고유한 내용을 자세히 설명함으로써 일반화와 진부함에서 벗어나도록 유도한 다음, 이 내용의 의미와 그 의미에 의해서 각성된 감정을 고려하도록 한다.

둘째, 말 못 하는 스토리. 이런 방식의 스토리에서 내담자는 내러티브에서 중요한 요소를 감추거나 빠트린다.

사례: 한 의과대학 1학년생이 의과대학 건물을 들어가는 일이 그를 우울하게 만든다고 말했다. 부모님의 그에 대한 장래 희망에 대해 물었을 때, 부모님은 그가 생계를 위해 무엇을 하든 상관없다고 말했다. 그들은 그가 다만 행복하길 바란다는 것이다.[4] 두 번째 회기 동안 상담자가 내담자의 상황에 대해서 의아해하자, 내담자는 자신의 어머니가 그에게 내과 의사가 되라고 엄청난 압박을 가했었지만, 사실 그러고 싶지 않았다는 사실을 밝혔다.

자신의 스토리에서 중요한 요소를 빠뜨리는 내담자를 돕기 위해서, 상담자는 그 스토리에 대해 상담자가 이해한 것 중에서 빠졌지만 내포된 것에 대해 물을 수 있다. 그러나 때때로 상담자는 내담자가 자신의 스토리를 더 편안하게 자세히 설명할 수 있을 때까지 기다려야 한다.

셋째, 스토리화된 적 없는 정서. 이런 방식의 스토리에서 내담자의 내러티브는 뚜렷한 이유 없이 강한 감정을 표현한다. 그 감정은 맥락과 개인적 의미가 결여되어 있다.

사례: 현재 저는 대학원 과정을 끝내고 전환을 시작하는 중입니다. 전 대학 졸업 후 저의 미래 진로의 직업과 생활에 대해 많은 생각을 한 적이

---

4. 첫 번째 회기 때 내담자는 부모님이 그에게 어떤 바람을 갖고 있는지 질문 받았을 때, 부모님이 자신이 무엇을 하든 상관없고 그저 행복하기만 바랄 뿐이라고 말했지만 사실은 그가 내과의사가 될 것을 엄청나게 압박했다는 사실을 빠뜨렸다.

없습니다. 전 [지금] 진짜 세상으로 나아가는 것에 대해 극도로 초조해합니다. 이젠 진짜 세상에 발을 내딛고 실무로 전문가가 되고, 전업을 가져야 할 때입니다. 저는 분명히 제가 무엇을 하고 싶어 하는지 알고, 세 가지의 일자리 기회를 갖고 있습니다. 그러나 전 대학을 떠나는 것에 대해 무척 두려워해요.[5] 그래서 저는 안전한 대학에 남을 수 있도록 박사 과정에 진학하려는 생각 중입니다.

의미가 결여된 강한 감정이 존재하는 것에 대해 호기심을 갖는 상담자는 대개 적극적 경청과 공감적 반응법을 사용한다(Carkhuff, 1969). 상담자는 강렬한 정서에 대해서 그런 감정을 불러일으키는 의미를 이해하려고 노력한다.[6]

넷째, 변화하는 스토리. 이런 스토리 속에서 출현하는 의미는 내담자가 변형 혹은 변화의 과정에 있을 수 있다는 신호가 된다. 내러티브는 "전 방금 …가 기억이 났어요" 혹은 "저는 이것이 중요한 것인지 확신이 없어요. 그렇지만…" 과 같은 구절을 포함한다.

사례: 저는 4주 후에 졸업하는데, 제가 무엇을 하고 싶은지 안다고 생각했습니다. [그런데] 별안간 제가 그것을 하고 싶은지, 특히 내 남은 생애

---

5. 내담자는 대학을 떠나 진짜 세상 속으로 나아가는 것에 대해 극단적인 초조함과 두려움을 호소하고 있지만 정적 왜 그런 감정에 사로잡혀 있는지 배경을 말하고 있지 않다.
6. 이유나 원인이 아닌 의미를 묻고 있는 점에 주목할 필요가 있다. 단순히 감정을 불러일으킨 이유나 원인으로서 촉발 사건을 묻지 않고 그런 촉발 사건이 내담자에게 어떤 의미나 가치를 갖기에 감정이 강렬해지는지를 묻고 있다. 의식하지 못했던 감정의 의미가 성찰을 통해 분명해질수록 감정에 대한 자각은 명료해지고 그만큼 감정에 압도될 가능성은 낮아진다.

를 위해 그것을 하고 싶은지 잘 모르겠습니다. 전 제가 아주 흥미를 갖는 새로운 분야를 발견했습니다. 그렇지만 제가 그것을 할 자격이 되는지 혹은 더 많은 트레이닝이 필요한 것인지 모르겠습니다.

스토리가 변화함에 따라, 상담자는 과거로부터 현재를 거쳐 미래에로 한 가지 계열의 연속성을 수립하려고 시도한다. 이를 위해서 상담자는 문제의 배경을 탐색한다. 즉 주요 내러티브의 초반에 존재하는 상황의 기저에 있는 다른 요소를 조사한다.

다섯째, 비어있는 스토리. 이런 스토리 속에서 내담자는 아무런 감정도 없이 외부적 사건에 초점을 맞춘 하나의 극적인 스토리를 말한다.

사례: 저의 상사는 저를 성적으로 괴롭힙니다. 그래서 전 새로운 일자리가 필요합니다. 제가 무엇을 하고 싶은지 확신을 할 수 없습니다. 아마도 이번 기회를 이용해서 분야를 바꿔야 할 것 같습니다. 지금은 저에게 새로운 시작인 것 같습니다.

감정이 결여된 스토리에 대해 상담자는 내담자가 불안과 긴장을 피하려고 노력하는지를 확인하려고 노력한다. 이런 내담자의 경우 상담자는 내담자의 신뢰를 위한 안전한 기초를 마련하고, 고통을 담아내는 보듬어 주는 환경을 구축함으로써 감정 속으로 민감하고 서서히 옮겨간다. 그런 다음 내담자가 턱을 괴거나 혹은 의자를 붙잡기 등의 비언어적 표현 단서를 알아차리게 함으로써 정서를 확인하게 한다. [내담자의] 응답 속에서 상담자는 모호한 정서 표현을 좀 더 온전히 형태로 표현하기 위해 단어를 주의 깊게 선택한다.

여섯째, 갈등 스토리. 이런 스토리 속에서 내담자는 서로 상충되는 감정이나 목표로 인해서 난감해한다. 예를 들어 내담자의 목표가 부모님의 목표와 갈등을 빚거나 혹은 이타적인 사람이 되면서도 부유해지고 싶은 자신의 목표가 충돌할 수도 있다.

> **사례:** 저는 다음 단계가 무엇인지에 대해 좀 더 분명한 그림을 찾습니다. 가족과 섞여 있는 그 그림은 초점이 잡히지 않습니다. 제가 무엇을 원하는지 알고 있지만 제 가족을 위해서는 올바른 선택이 아닐 수 있습니다. 제 선택이 가족에게는 부정적인 영향을 끼칠지 모릅니다. 만일 제가 나의 진로에 초점을 맞춘다면 그 그림은 분명합니다. [반면] 제가 나의 가족에 초점을 맞춘다면, 그 그림은 분명하지만 다른 그림입니다. 저의 진로와 가족에 동시에 초점을 맞추려고 한다면, 그림은 흐릿해집니다.

의미에 대한 설명이 더 나아질수록, 감정에 대한 자각이 높아질수록 내담자가 압도될 가능성은 더욱 낮아진다. 분명한 의미와 명백한 감정은 상담자에게 내담자와 연결되는 방법을 알려준다. 전환 내러티브의 형식과 상관없이, 문제 해결과 목표 설정을 추진하기 위해서 상담자는 결국 공감적 반응을 사용해서 현재 정서를 촉진하는 의미, 즉 충족되지 않은 욕구와 진술되지 못한 의미에 대해 논의하는 것뿐만 아니라 내담자가 자신의 현재 감정을 탐색하도록 도와야 한다. 두 가지 정서는 하나의 정서보다 더 낫기 때문에 더 많은 정서에 접근하게 되면 대처하는 방법이 향상된다(Kashdan, Barrett, & McKnight, 2015). 상황에 맞춰져 표식을 가진 정서는 조절되기가 더 쉬우며, 그런 정서는 개인의 노력을 촉진하거나 무의미하게 만들기도 한다.

상담자는 전환 내러티브 속에 있는 정서적 어휘를 숙고함으로써 상황에 관한 내담자의 감정을 평가할 수 있다. 다음 질문은 이런 측면에서 도움이 될 수 있다.

- 내담자가 몇 개의 감정 단어들을 사용하는가?
- 얼마나 많은 여러 다른 감정 단어들이 사용되는가?
- 감정 단어들이 얼마나 구체적인가?
- 내담자는 긍정적이고 부정적 감정 단어를 둘 다 사용함으로써 복잡성에 대한 자각을 보여주는가?
- 내담자는 자기 자신의 감정을 인지하는가?
- 내담자는 불쾌한 경험을 그저 표현하기 위해서 이런 정서를 사용하는가, 아니면 행위 하려는 욕구를 불러일으키기 위해 사용하는가?

이런 질문들에 대한 빠르게 응답하면서, 상담자는 내담자의 전환 내러티브에 온전히 대응할 준비를 한다.

상담 목표를 공동 구성하기

내담자가 내놓은 고민과 배경 스토리를 경청한 후에 상담자는 내담자가 상담으로부터 무엇을 추구하는지를 숙고한다. 상담자는 내담자가 무엇을 정말로 원하고, 무엇을 원하지 않는지를 탐색하면서 내담자의 경험을 최우선시한다. 상담자는 상담이 어떻게 작동하는지에 대한 내담자의 가정을 인지할 필요가 있다. 상담자는 상담자가 뭔가를 오해할 때 내담자가 거리낌 없이 말해야 하고 전문가라고 해서 상담자의 의견을 좇아서는 안 된다는 점을 그들에게 강조한다. 일부 상담자는 심지어 "당신의 상담자로서 제가 저지를 최악의 일은 무엇일까요?"라고 묻는다. 상담자는 또한 내담자가 자신의 경험에 대해서 어떻게 전문가인지 그리고 상담자는 그저 그 경험에 다가가려고 노력할 뿐이라는 점을 설명한다.

상담자는 이제 상담을 위한 공유된 목표를 공동 구성할 준비가 된다. 예전에 에이브러햄 링컨이 말했듯이, "목표가 잘 설정되면, 일의 반은 성취된 셈이다." 상담자는 내담자의 자기−자각을 증대시키고, 내담자가 시도하는 것을 성공적으로 이루기 위해 고안된 방식으로 내담자의 진술된 목표를 분명히 하려고 노력한다. 이런 논의 동안 상담자는 내담자의 추가적 목표와 암묵적인 염려의 신호에 대해 내내 기민하다. 내담자와 상담자는 함께 문제를 공식화하고 상담을 위한 명시적인 목표를 진술한다. 상담자는 반드시 목표를 한 장의 종이에 기록해야 한다. 왜냐하면 상담을 종결할 때 그들은 내담자가 그런 목표를 성취했는지를 확인할 것이기 때문이다.

목표를 설정할 때, 상담자는 성과를 이룰 수 있을 것이라고 믿어야 한다. 예를 들어 진로구성 상담자로서 나는 이력서를 쓰는데 도움을 요청하는 내담자를 만나왔다. 상담을 더 진행하기 전에 나는 그들을 취업 알선 전문가에게 의뢰한다. 만약 상담자가 그들을 회기의 끝이나 다음 회기의 시작 시점에 위탁을 하면, 내담자는 상담자가 자신과 작업하는 것을 좋아하지 않는다는 결론을 내릴 수 있다.

목표에 대한 합의에 도달하면, 상담자는 경계와 비밀조항을 기술함으로써 대화를 위한 맥락을 만든다. 협력을 촉진하기 위해서 상담자는 그들이 내담자에게 기대하는 것과 내담자가 그들로부터 기대하는 것을 구체적으로 명시한다. 이를 위해 상담자는 각 회기별 과업과 그들이 사용하려는 절차의 이유를 간결하게 기술한다. 이런 기술은 과정을 투명하게 함으로써 이해도를 높인다. 면담을 개시하는 것과 관련해서 좀 더 많은 것을 배우려면, 「진로구성을 위한 기획 디자인하기」 (Savickas, 2015b), 「첫 번째 교환의 중요성」(Stiles, Leiman, Shapiro, Hardy, Barkham, Deter, & Llewelyn, 2006), 그리고 「내담자 포지셔닝」(Madill, Sermpezis, & Barkham, 2005)을 읽어보라.

관계를 수립하고, 목표를 설정하고, 과업을 기술함으로써 작업 동맹을 창출하면, 상담자는 진로구성면담을 수행할 준비를 갖추게 된다.

Chapter 3

진로구성면담

진로구성면담Construction Interview:CCI은 상담자가 다섯 가지 주제를 탐문하는 구조화된 대화로, 생애 주제를 발견하고 현재 전환에 관한 의 사결정을 내리는 데 도움을 준다. 이 주제는 ① **롤모델**, ② **잡지, 텔레비전 프로그램 혹은 웹사이트**, ③ **현재 가장 좋아하는 스토리** ④ **자주 사용하는 격언 혹은 좌우명**, ⑤ **초기 회상**에 방향을 맞춘다. 상담자는 관계를 수립하고, 목표를 조정하고, 상담 과정을 기술한 후에 면담을 시작한다. 상담자는 다섯 가지 진로구성면담 질문을 통해 의미 만들기, 목표 선언하기, 지향점 형성하기 그리고 행동 촉진을 위한 발판을 마련한다.

진로구성면담은 부드럽고 전진적이고 단계적인 탐문을 통해 내담자가 성찰에 집중하게 하여 자신의 과거 경험과 현재 염려에 대해 더욱 깊이가 있는 설명을 하도록 이끈다. 내담자가 질문에 응답함에 따라 상담자는 흥미와 호기심을 보인다. 상담자는 또한 새로운 생각을 끄집어내고 내담사의 진술을 정교화하려고 시도한다. 상담자는 **장벽에 대처하는 동기의 증가, 달성되고 예상되는 변화, 고양된 자기 인식, 문제의 원인과 결과에 대한 재숙고, 문제에 대한 새로운 전망, 문제에 대한 더 깊이가 있는 이해, 탐색과 계획을 위한 지향점**을 표현하는 새로운 아이디어와 정교한 내담자의 진술을 끌어내려고 노력한다.

진로구성면담의 질문 1: 롤모델

■ ■ ■ 목표

내담자의 자기 구성과 개념화를 기술하는
명사와 형용사를 확인하라.

■ ■ ■ 근거

진로구성 상담자는 롤모델을 탐문한다. 왜냐하면 롤모델을 고르는 일은 개인들이 하는 바로 첫 번째 진로 선택이기 때문이다. 만약 상담자가 단지 한 가지 질문만 할 수 있다면, 바로 이 질문이다. 이 질문에 대한 대답은 내담자가 자기-구성을 위한 청사진으로 사용했던 캐릭터와 속성을 제공한다. 청소년기 후반에 개인들은 이런 속성 혹은 정체성의 단편을 하나의 초기 직업적 정체성으로 통합한다.

■ ■ ■ 질문

"자라면서 누구를 존경했나요? 누가 영웅이었나요? 저는 내담자 분께서 대략 여섯 살에서 아홉 살까지 어머니와 아버지 외에 존경했던 세 사람을 알고 싶습니다. 그 세 사람은 아는 실제 인물일 수도 있고 개인적으로 몰랐을 수도 있고 슈퍼 히어로나 만화의 캐릭터와 같은 가상의 인물make-believe people이나 혹은 책이나 미디어 속 등장인물일 수도 있습니다."

내담자가 한 명의 롤모델의 이름을 댄 후에, 상담자는 다음과 같이 말한다. "전 늘 세 명의 롤모델에 대해 묻습니다. 그러니 두 명을 더 말해주시겠어요."

세 명의 롤모델을 확보한 후에, 상담자는 내담자에게 각각의 롤모델에 대해 차례로 기술하게 한다. 만일 내담자가 롤모델이 단지 행한 것만을 기술한다면, 상담자는 성격 특질에 대해서 묻는다: "롤모델이 어떤 사람인지 알고 싶습니다. 그러니 성격 특성에 대해 기술을 좀 해주시겠습니까." 또한 만일 내담자가 주로 신체적 특성만을 구체적으로 기술한다면, 상담자는 사고, 감정, 가치관과 같은 내면적 심리적 상태 면에서 좀 더 추상적인 단어를 계속 요구한다. 상담자는 내담자가 모델의 심리적 구성요소를 기술하는 일부 형용사와 명사를 만들어낼 때까지 계속 요구한다. 상담자는 각 모델에 대해 반드시 최소한 네 가지 이상의 특성을 확보해야 한다. 또한 반복은 핵심 속성의 신호이기 때문에, 상담자는 반복된 단어를 경청한다.

■ ■ ■ **팁**

• 세 가지 롤모델들을 기술하는 형용사를 수집한 후에, 여러분은 필요
로 하는 것을 갖게 된다. 그러나 만일 여러분이 더 많은 형용사를 원
한다면 다음과 같이 물어보라.

"당신은 ~와 어떻게 같은가요?"
"당신은 ~와 어떻게 다른가요?"
"세 롤모델들이 갖는 공통점은 무엇인가요?"
"롤모델들은 서로 어떻게 다른가요?"

• 만일 내담자가 어머니 혹은 아버지가 롤모델이었다고 응답한다면,
상담자는 그밖에 누가 더 있는지를 묻는다. 자율적인 동일시로서 선
택하는 롤모델과 비교할 때 부모는 타율적으로 영향을 끼친다. 다른
가족 구성원이―조부모, 아주머니, 아저씨, 그리고 사촌을 포함해서
―롤모델로 여겨질 수 있다.

• 세 가지의 롤모델들에 대한 조사를 완료한 후에, 상담자는 부모를 언
급했던 내담자에 대한 존중의 차원에서 부모에 대해 다시 물어볼
수 있다. 보통 애착 연구로부터 나온 단순한 질문을 한다: "어머니를
기술하는 세 가지 단어를 저에게 알려주시겠어요." 그런 다음 아버지
에 대한 세 가지 단어를 요청한다. 때때로 만일 전환 내러티브에 의
해서 시사된다면,[1] 부모에 대한 좀 더 완전한 서술을 요청한다.

• 만일 시도 후에도 내담자가 어린 시절 초기로부터 어떤 롤모델도 생

---

1. 전환 내러티브의 중요한 계기(배경, 목표, 동기 등) 속에서 부모의 특성이 시사될 수 있다.

각할 수 없다면, 상담자는 어린 시절 중기 혹은 심지어는 청소년 초
기의 롤모델에 대해 물을 수 있다.

진로구성면담 2: 잡지, 텔레비전, 웹사이트

■ ■ ■ 목표

내담자를 흥미롭게 하는 환경, 활동, 대상을 확인하라.

■ ■ ■ 근거

흥미란 어떤 것에 특별히 주의, 관심 혹은 호기심을 가질 때 느끼
는 감정이다. 흥미 평가는 세 가지 주요한 방식으로 이루어질 수 있
다: ① 「스트롱 흥미검사Strong Interest Inventory」[2]를 가지고 목록이 작성
되는inventoried 방식, ② 「진로탐색검사Self-Directed Search」[3]에서 직업적

---

2. 미국의 직업 심리학자 에드워드 스트롱E. K. Strong에 의해 1927년 개발된 검사로서,
   스트롱은 각 직업군에 종사하는 사람들이 보이는 특징을 분석하여 직업 흥미 유형을
   패턴화하고 이를 통하여 개인들이 직업 및 진로선택에 도움을 받을 수 있도록 하고자
   이 검사를 개발하였다. 최초 개발된 이후 1994년까지 지속적으로 개정작업을 진행하여
   시대의 흐름에 따른 직업세계에서의 변화를 반영하고 보다 다양한 규준 집단을 대상으
   로 하여 검사의 타당도, 신뢰도, 척도 구성에서의 내실을 다져나갔다. 스트롱 흥미 검
   사는 홀랜드의 직업선택 이론에 기반을 둔 일반 직업 분류를 근간으로 한다. 일반직업
   분류에서는 개인들의 흥미를 RIASEC의 6가지 코드로 세분한다. [네이버 지식백과]
3. 홀랜드가 제안한 직업성격유형 이론은 다양한 직업을 탐색하고 분류하는 데 있어 가

몽상으로 표현되는 방식, ③ 활동 속에서 실증되는 것처럼 표명되는 방식. 한 개인을 상담할 때 선호되는 방법은 분명한 흥미를 평가하는 것이다. 왜냐하면 흥미는 최선의 예측적 타당성을 갖기 때문이다. 물론 상담자가 집단의 각 구성원과 면담할 수 없으므로, 흥미검사는 집단 직업지도를 할 때 선호되는 방법이다.

상담자는 내담자가 실제로 또는 일상적으로 자신을 대리하는 실제 환경의 특성을 파악하여 명확한 관심도를 평가한다. 이것은 흥미가 사람과 환경 사이의 심리사회적 연결과 관련되기 때문이다. 그러므로 흥미는 항상 하나의 대상 혹은 환경을 요구한다. 따라서 상담자는 내담자의 흥미를 끄는 환경에 대해서 조사한다. 이것이 내담자의 직업적 유사성, 일치성, 상응성을 검토하는 진로구성상담의 방법이다. 구성주의자는 대개 흥미검사를 사용하지 않는다. 그러나 진로구성상담을 처음 접하는 일부 상담자는 자신의 흥미평가 능력에 자신감을 갖게 될 때까지는 계속 검사 도구를 사용해서 흥미검사를 한다. 만일 한 상담자가 상업적 제품을 가지고 흥미를 검사하는 것을 선호한다면, 그 결과는 여기에 적합하다.

장 보편적으로 활용되고 있으며 다양한 직업정보를 진로 유형에 따라 간결하게 분류하여 진로 탐색에 편리하게 이용할 수 있는 장점을 가지고 있다. 진로탐색검사는 홀랜드의 직업성격유형 이론을 토대로 개발되었으며, 1985년 처음 출판된 이래 35개국 이상의 언어로 번역되어 전 세계적으로 광범위하게 활용되고 있으며 국내의 진로교육, 진로지도, 진로상담 현장에서 가장 빈번하게 사용되는 심리검사이다. 진로, 직업과 관련된 활동, 역량, 직업, 자기평가, 희망직업유형 등을 물어보는 질문으로 구성되어 있어 영역별로 자신의 진로유형의 점수분포를 확인할 수 있으며 관련된 직업목록, 대학전공 및 추천계열 등의 정보를 확인할 수 있다. [네이버 지식백과]

상담자는 대체로 잡지에 관해 질문하면서 흥미를 평가하기 시작한다: "잡지를 구독하거나 정기적으로 읽는 잡지가 있나요?" 상담자는 세 가지 좋아하는 잡지들을 뽑은 후 각 잡지에 대한 정보를 더 물음으로써 내담자의 흥미를 밝혀낸다. 상담자는 다음과 같이 말할 수 있다. "저에게 그 잡지의 스토리가 무엇에 관한 것인지 말해주겠어요." 만일 상담자가 이어지는 질문을 한다면, 그들은 다음과 같은 동기부여 언어를 사용한다.

"~에 대해서 무엇이 끌리나요?"
"~이 어떤 점에서 흥미롭다고 여기나요?"
"~속에서 무엇이 마음에 듭니까?"
"왜 ~를 선호하나요?"
"그 잡지의 어떤 점이 좋나요?"

오늘날 많은 사람들은 잡지를 읽지 않는다. 만일 내담자가 가장 좋아하는 잡지가 없거나 상담자가 흥미에 관해 좀 더 많은 정보를 찾는다면, 상담자는 텔레비전 프로그램에 관해 묻는다. "정기적으로 시청하는 TV 프로그램이 있나요?", "예약해 놓은 TV 프로그램이 있나요?" 평소처럼 상담자는 세 가지 예를 들어 묻는다. 그런 다음 상담자는 잡지에 사용되었던 동일한 동기부여 질문을 사용해서 TV 프로그램에 대해 더 묻는다.

몇몇 내담자는 잡지도 읽지 않고 텔레비전도 시청하지 않는다. 혹은 그들이 잡지를 읽거나 TV를 시청하더라도 그들이 특히 좋아하는 것이 없을 경우도 있다. 이런 경우 상담자는 가장 좋아하는 웹사이트에 대해

묻는다. "어떤 인터넷 웹사이트에 정기적으로 접속하나요?" 웹사이트
에 대한 이어지는 질문이 다음과 같을 수 있다. "〈레디트Reddit〉는 보나
요?" 이 인기 있는 웹사이트는 접속자의 흥미에 기반을 둔 커뮤니티 네
트워크를 제공한다. 또 다른 테크놀러지-관련 질문으로 좋아하는 컴
퓨터 게임에 대해 물을 수 있다. 다시 상담자는 세 가지 사이트에 대해
묻고 각각을 좀 더 조사한다.

■ ■ ■ 팁

• 목표는 쇼 프로그램 혹은 독서 자료를 조사하거나 검사하는 것이 아
  니라, 개인이 선호하는 대리만족을 주는 환경vicarious environment[4]의
  유형을 결정하는 것이다.

• 만일 대리만족을 주는 환경을 넘어 더 많은 정보가 필요하다면 상담
  자는 여가 활동에 대해 물을 수 있다.

• 잡지, 텔레비전 프로그램, 웹사이트 혹은 게임에 대한 선호를 촉진하
  는 현실적 흥미를 반드시 확인하라.

• 내담자가 활동과 대상에서 어떤 점이 끌리게 만드는지 자신의 말로
  설명하도록 하라. 만일 상담자가 같은 텔레비전 쇼를 본다면, 상담자
  는 무엇이 내담자의 흥미를 끌게 만드는지 알고 생각할 수 있다. 그
  러나 내담자의 설명을 듣는 것이 절대적으로 필요하다. 왜냐하면 내

---

4. 직역하면 대리환경이지만, 풀어 설명하면 내담자가 잡지나 tv 프로그램, 웹사이트, 게
   임 속에 자신을 상상적으로 배치함으로써 대리만족을 느끼는 무대, 환경을 말한다.

담자의 설명은 프로그램에서 상담자를 끌리게 만드는 것과 다를 수 있기 때문이다.

진로구성면담 질문 3: 가장 좋아하는 스토리

■ ■ ■ **목표**

내담자가 전환의 결과를 [미리] 구상하기 위해
사용할 수 있는 스토리나 문화적 대본을 이해하라.

■ ■ ■ **근거**

사람들이 영화나 책에 담긴 스토리를 좋아하는 이유는 자신의 전환을 계획하는 데 필요한 전략을 묘사하고 있기 때문이다. 그 좋아하는 스토리 속에는 그들의 생애 스토리 속에서 다음 에피소드를 위한 초기 계획이 암시되어 있을지도 모른다. 내담자의 가장 좋아하는 스토리는 자신의 삶을 스스로에게 공개하고 다음에 무엇을 할 것인가를 분명하게 한다. 내담자의 가장 좋아하는 스토리 속에서 상담자는 내담자가 생각하기에 가능한, 혹은 심지어 이제 막 시작 단계의 계획일 수 있는 것에 대한 희미한 윤곽이나 구체적인 계획을 볼 수 있다.

배우로서 한 개인의 캐릭터는 생애 동안 꽤 안정적일 수 있지만, 반면에 대본은 배우가 새로운 일의 무대에 적응할 수 있도록 변한다. 새로운 설정마다 [그때마다] 새로운 대본이 필요할 수 있으므로 개인은 진로 변화를 만들기 위해 일반적으로 새로운 스토리를 만든다. 새로운 좋아하는 스토리는 진로 전환을 위한 시나리오 대본을 작성할 수 있는 실행 가능한 도식과 전략을 제공한다. 또한 새로운 생애 단계는 새로운 대본을 필요로 할 수 있다. 예를 들어 청년기에 유용했던 대본은 은퇴기에는 적합하지 않을 수 있다. 여러분의 생애를 회상해 보면, 여러분은 어린 시절부터 가장 좋아하는 스토리를 확인할 수 있을 것이다. 이 스토리는 청소년기에 좋아했던 스토리와도 다르고, 초기 성인기에 가장 좋아하는 또 다른 스토리와도 다를 것이다.

대개 상담자는 한 개인의 생애 여러 주기별로 대본이 어떤 유사성을 보일 수 있다는 것을 발견한다. 왜냐하면 그 대본들은 생애 스토리들 속에서 연속성을 제공하는 대단히 중요한 주제를 반복하기 때문이다. 때때로 상담자는 어린 시절부터 시작해서 수십 년에 걸쳐 단 하나의 좋아하는 스토리를 계속해서 간직한 내담자를 만나기도 한다. 비록 기본적인 스토리는 여전히 같지만, 이런 내담자는 그것들을 가지고 새로운 일의 무대와 생애 단계의 요구에 대처하기 위한 대본을 수정하고 개조하는 그런 새로운 통찰을 얻는다. 게다가 무대와 단계 속에서 변화하기 위해 여러 다른 생애 역할은 여러 다른 대본을 요구한다. 예를 들어 친밀한 배우자라는 생애 역할은 업무의 역할과는 다른 대본을 필요로 한다. 그런 까닭에 개인들은 다수의 정체성을 수행하며, 하나의 정체성이란 한 가지 역할 속에서 자기이다. 상담자는 업무의 역할에 맞추어 관계 역할의 구성 및 재구성을 적절하게 다룰 수 있다.

■ ■ ■ **질문**

"현재, 책이나 영화에서 나오는 가장 좋아하는 스토리는 무엇인가요? 저에게 그 스토리를 이야기해 주세요." 대부분의 내담자는 책이나 영화에서 나오는 스토리를 선택한다. 그러나 내담자는 〈쿼드라피니아 Quadraphenia〉[5]와 같은 락 오페라 혹은 『베트맨. 다크 나이트가 돌아오다Batman; The Dark Knight Returns』와 같은 만화책, 「삼손과 데릴라」와 같은 성경, 『블랭킷Blakets』과 같은 그래픽 소설, 혹은 『리틀 트래인 댓 쿠드The Little Train That Could』와 같은 아동용 책에 나오는 가장 좋아하는 스토리를 보고할 수 있다.

■ ■ ■ **팁**

• 질문을 할 때, '현재currently', '지금right now'을 강조하자. 진로구성이론은 대본을 새로운 무대나 단계에서 적응력과 융통성의 원천으로 본다. 내담자가 '늘all-time' 가장 좋아하는 영화를 묻게 되면 현재 도식보다는 대단히 중요한 주제에 접근할 수 있다.

• 반드시 내담자로 하여금 자신의 말로 스토리를 들려주도록 하라. 그들은 적어도 네 가지 혹은 다섯 가지 문장들을 사용해야 한다. 그렇지 않다면 그들의 내러티브는 대본의 핵심 요소를 빠뜨릴 수 있다.

• 만일 스토리가 전환 내러티브와 관련해서 직접적인 의미를 만들지

---

5. 본래 영국의 록밴드 더 후the Who의 여섯 번째 앨범 이름이며, 이 앨범은 1973년 10월 26일 발표되었다. 토미Tommy처럼 록 오페라 형식의 컨셉트 앨범이며 1965년 런던의 모드 족 청년 지미Jimmy가 자아를 찾아 브라이튼의 바닷가로 떠나는 스토리를 담았다.

못한다면, 두 번째로 좋아하는 스토리를 물어라. 이후에 여러분이 시간이 있다면, 여러분은 내담자의 거시적 내러티브 안에서 두 스토리들의 위치를 이해할 수 있게 될 것이다.

진로구성면담 질문 4: 좋아하는 격언

■ ■ ■ 목표

내담자가 자기 자신에게 해온 조언을 알아보라.

■ ■ ■ 근거

진로구성상담의 목표는 내담자가 자신의 지혜를 듣고 존중하게 하는 것이다. 이 목표는 "환자와 환자만이 답을 안다"(Winnicott, 1969)는 원리에서 나온 것이다. 즉 내담자가 가장 좋아하는 격언은 자기 자신에게 최선의 조언을 표현한다. 일반적으로 조언은 전환 내러티브 속에 기술된 문제와 직접적으로 관련이 있으며 대개 내담자와 상담자 둘 모두에게 직접적인 의미가 있다. 격언은 내담자가 자신의 이야기를 새로운 장으로 발전시키기 위해 해야 할 일을 반복적으로 스스로에게 말함으로써 이야기를 더욱 완전하게 만드는 자가−치료를 의미합니다. 상담자는 이런 조언을 나중에 내담자와 논의할 때 반복하고 재강화시켜 준다.

■ ■ ■ **질문**

"가장 좋아하는 격언 혹은 모토가 무엇인가요?" 만일 잠시 후 몇 가지 질문을 더 한 후에도 내담자가 격언을 생각할 수 없다면, 상담자는 다음과 같이 묻는다. "포스터나 자동차 범퍼 스티커에서 당신이 좋아하는 어떤 격언을 본 적 없나요?" 그리고 만일 필요하다면 다음과 같이 물을 수 있다. "자주 생각나는 격언이 있나요?"

■ ■ ■ **팁**

• 만일 내담자가 가장 좋아하는 격언을 떠오르지 않는다면, 다음과 같이 물어보라. "지금 격언을 만들어 볼 의향이 있으신가요?" 예를 들어 14세의 한 소녀는 "소설가가 되고 싶었는데 소망을 만들어봐, 기회를 잡아봐, 그리고 너의 꿈이 실현되는 것을 지켜봐"라는 격언을 창안해 내었다.

• 만일 내담자의 격언이 여러분에게 직접적인 느낌이 없다면 두 번째 격언을 요청하라.

• 만일 여러분이 타투를 눈여겨보았다면 그것의 의미를 물어보라. 그것은 아마도 행동을 안내할 상징적 교리를 기술할 것이다.

진로구성면담 질문 5: 초기 회상

■ ■ ■ 목표

내담자가 전환 내러티브 속에서
제기된 문제를 바라보는 관점을 이해하라.

■ ■ ■ 근거

현재 문제 혹은 최근 진로 관심에 대해 상담자가 내담자가 바라보는
관점을 숙고하는 것은 유용하다. 내담자의 관점을 탐색하기 위해서 구
성주의 상담자는 초기 회상에 대해서 조사하는데, 대개 이런 기억은 최
근 상황을 나타내는 매우 개인적인 경험의 재구성을 묘사하기 때문이
다(Mayman, 1960; Mosak, 1958).[6] 일반적으로 첫 번째 회상은 내담자가 진
로 문제를 바라보는 관점을 암시한다. 무대 위에서 연기하는 자기의 메
타포를 계속해서 사용하면서, 초기 회상은 연극의 감독이 그 장면을 어
떻게 바라보는지를 알려준다.

---

6. 즉 내담자가 말하는 유년기 초기 회상은 실은 현재 내담자가 겪는 문제를 단적으로 보
여주는 경험에 대한 재성된 이야기일 수 있다는 뜻이다. 다시 말해 과거 기억은 현재
의 고민이나 미래의 관심의 투영물이다. 이처럼 과저의 재현이 아닌 현재적 관점에
서 과거의 재구성의 의미를 살리기 위해 사비카스는 '재기억'remembering보다는 '회
상'recollection이라는 단어를 선택한 것으로 보인다.

"가장 초기 회상은 무엇인가요? 저는 내담자 분에게 세 살부터 여섯 살까지 시기에 일어났던 것들과 관련된 세 가지 스토리를 듣는 데 관심이 있습니다." 내담자가 각각의 회상을 상담자에게 전해주는 일을 마칠 때, 다음과 같이 물어보라. "만일 그 기억에 감정을 부여한다면, 그것은 어떤 감정일까요?"

그 전반적인 감정을 적은 후에 상담자는 두 번째 질문을 한다. "만일 그 기억 중 가장 생생한 부분을 사진으로 찍는다면, 그 사진은 무엇을 보여주나요?" 세 가지 초기 회상을 다 모은 후에 상담자는 내담자와 함께 각각의 초기 회상에 대한 헤드라인을 작성하는 작업을 한다. 상담자는 내담자에게 다음과 같이 말한다. "각 기억에 대해 한 가지씩 헤드라인을 말해보세요. 그 헤드라인은 신문에 나오는 스토리를 위해 사용되는 것 혹은 영화의 제목과 같습니다. 좋은 헤드라인은 그 속에 동사가 들어갑니다."

그런 다음 상담자는 첫 번째 회상을 크게 읽고 내담자가 헤드라인을 구성하도록 기다린다. 그 과정은 내담자에게 자신의 의미를 창작하고 그것의 정서적 진실을 느껴보도록 해준다. 상담자는 내담자가 그 헤드라인이 정확하다고 생각이 들 때까지 내담자와 작업을 한다. 초기 회상에 제목을 부과하는 일은 단순히 언어적 활동이 아니다. 오히려 그것은 내담자 자신이 그들의 경험의 의미를 만드는 데서 원작자authority[7]의 표현이다.

---

7. authority는 본래 권한, 권위의 의미를 갖지만 문맥상 여기서는 자신의 유년기 회상 속의 경험들의 이야기 혹은 의미 부여의 원작자라는 의미를 강조할 필요가 있다.

- 초기 회상은 특정한 사건에 관한 것이어야 한다. 예를 들어 만일 내담자가 "매주 일요일 저희는 할머니 댁을 방문했어요"라고 말한다면, 상담자는 할머니 댁을 방문했던 특정 시점의 스토리를 들려달라고 요청한다.

- 각각의 회상에 대해 적어도 네 가지 문장을 얻도록 노력하라.

- 각 헤드라인에는 동사 감정과 초기 회상에 대한 느낌 단어를 얻도록 해야 한다.

진로구성면담 마무리하기

진로구성면담을 완료한 후에, 상담자는 내담자에게 그들이 그 밖에 더 언급할 만한 것이 있는지를 물음으로써 첫 번째 회기가 끝났다는 신호를 보낸다. 상담자는 내담자에게 이번 첫 번째 회기 동안 자신은 내담자의 스토리를 알려고 하는 전기 작가나 저널리스트로서 행동했다는 점을 설명함으로써 다음 회기에 대한 간략한 안내를 한다. 상담자는 다음 회기 전에 자신이 [진로구성면담에서 얻은] 작은 스토리들의 모음을 연구하고 그것들을 하나의 커다란 스토리로 구성함으로써 내담자의 의사결정과 계획에 사용할 것이라고 내담자에게 알려준다. 그런 다음 상담자는 일주일 후 상담 약속을 잡는다.

Chapter 4

Reconstructing a Life Portrait

생애 초상 [1] 재구성하기

상담자는 회기 사이의 작은 스토리들을 큰 스토리 또는 생애 초상으로 결합하여 더 깊은 의미를 드러내고 의사결정을 촉진한다.

---

1. 여기서 사비카스의 '생애 초상'이라는 표현은 본래 내러티브 정체성을 의미한다. 『커리어 카운슬링』(2011년)에서 양자를 혼용하고 있는 반면, 현 저작에서는 생애 초상이라는 표현만을 사용한다. 사비카스의 생애 초상이라는 표현은 제임스 조이스의 『젊은 예술가의 초상 A Portrait of the Artist as a Young Man』의 제목과 무관하지 않아 보인다. 사비카스가 자신의 진로구성주의 이론을 구상할 때 이 작품을 염두에 두었는지 확인하기는 어렵지만, 조이스의 이 작품은 진로 스토리 에세이의 원형을 보여준다. 이에 대한 상세한 설명은 이 책의 부록, 역자해설 1을 참조할 것.

플롯과 주제

■ ■ ■ 목표

내담자의 작은 스토리를 활용해서 [내담자의] 관점을 변화시키고, 자기-이해를 개선하고, 전환에서 관건이 되는 것이 무엇인지를 분명히 하고, 의사결정을 쉽게 하고 행동을 촉진하는 플롯을 갖춘 하나의 커다란 스토리를 만들어라.

■ ■ ■ 근거

상담자는 진로구성면담으로부터 얻은 작은 스토리들의 콜라쥬를 구성함으로써 생애 초상의 플롯을 짠다. 상담자는 내담자의 작은 스토리들을 속이 빤히 들여다보이는 것을 넘어 신선하고 비유적인 용어로 재구성하여 내담자의 변형을 촉진하고자 한다. 이런 재저술[2] 작업은 내담자로 하여금 계속 진행 중인 삶을 위한 원기를 회복시키는 의미를 전환 내러티브에 투여할 수 있도록 해준다. 자신의 생애사life history에 극적으로 재관여 함으로써 내담자가 미래로 발걸음을 내딛을 때 자신의 삶을 좀 더 온전히 살아낼 수 있는 선택지가 열린다.

내담자의 스토리를 재구성할 때, 상담자는 작은 스토리들을 수정하

---

2. 1회기가 내담자에 의해 저술된 생애 스토리라면 1회기와 2회기 사이에 상담자에 의해 작성되는 생애 스토리는 재저술되는 작업이며, 3회기에는 상담자는 내담자와 함께 공동 저술 작업을 하게 된다.

지 않고, 차라리 여러 작은 스토리들을 하나의 커다란 스토리의 플롯으로 만들 수 있는 구조를 적용한다. 작은 스토리들은 실제 사건에 대해서 이야기하는 반면, 플롯은 스토리 라인을 지시한다. 단순히 말해, 진로구성상담에서 플롯이란 상담자가 사건을 하나의 커다란 스토리로 특정하게 배열한 것이다. 같은 스토리가 다양한 플롯 라인 혹은 사건들의 배열을 사용해서 이야기될 수 있다. 상담자는 내담자의 경험에 대해 현재의 전환에 유용한 하나의 플롯을 구성하는 방식을 창안해낸다. 그들 [내담자][3]은 진실 혹은 그 스토리가 실제로 무엇을 뜻하는지를 알지 못한다. 상담자의 한 가지 플롯이 보여주는 배열은 독특하게 객관적인 것도 아니요, 특이하게 주관적이지도 않다. 대신 플롯을 통해 작은 스토리들에 대해 가치를 강조하고 새로운 의미를 부여하는 한 가지 커다란 스토리가 재구성된다.

의미 감각을 생성하고 가치를 드러내는 데 유용할 수 있는 여러 가지 많은 경험 조직화 중에서 구성주의 상담자는 일반적인 플롯 구조를 사용하여 큰 스토리를 재구성한다. 상담자는 내담자의 미시적 내러티브들을 이런 일반적인 플롯으로 배열하기 위해 진로구성면담 질문의 심층-플롯 구조 속에 삽입된 **패턴-재인 도식**the pattern-recognition

---

3. 원문은 They do not know the truth or what the stories really mean이다. 여기서 They가 상담자인지 내담자인지 다소 애매하다. 우선 내담자 자신이 말한 작은 스토리들이 전체적으로 어떤 의미나 진실을 갖는지 아직 알아차리지 못할 수 있다. 상담자의 역할은 바로 이런 작은 스토리들을 하나의 커다란 스토리로 만들어야 하고 이때 중요한 것이 바로 플롯이요, 그런 플롯을 통해 작은 이야기들의 전체 의미, 진실이 드러날 수 있을 것이다. 이런 까닭에 They는 '내담자'를 지칭하는 것으로 해석하는 것이 적절해 보인다.

schema^{4}을 사용한다. 비계설정 질문은 내담자의 미시적–내러티브들을 거시적–내러티브로 연결하기 위해 순서대로 배열되어 있다. 스토리를 창안하는 다섯 가지 질문은 ① **자기**, ② **자기를 수행하는 무대**, ③ **다음 행위를 위한 대본**, ④ **어떻게 시작해야 하는가에 대한 조언**, ⑤ **전환에 대한 기본적인 관점**을 조사한다.

일반적 스토리 라인을 사용하여 내담자의 미시적–내러티브들을 하나의 거시적 내러티브로 순차적으로 플롯을 짜는 것은 복잡하지 않고 이해하기 쉽다. 좀 더 연습이 요구되는 것은 플롯을 관통하는 한 가지 주제를 파악하는 일이다. 진로 주제는 직업적 플롯을 통합하는 주요 아이디어 혹은 쟁점이다. 스토리 라인을 관통하는 한 가지 주제를 추출할 때, 상담자는 여러 설명 가능성으로부터 선택하는데, 대개 플롯을 통합하는 데서 최고의 연속성과 일관성을 제공하는 하나[설명적 가능성]를 선택한다. 선택된 주제는 과거와 현재에 대한 새로운 이해를 포함하고 미래 행동을 유도할 만큼 충분히 정확해야 한다. 상담자는 진로구성상담의 일반적 플롯 구조를 따르면서, 선택한 주제를 중심으로 작은 스토리들의 가장 중요한 측면을 농축시킨다. 이를 통해 상담자는 현재의 전환을 위한 주제의 본질적 의미를 강조한다. 하나의 거시적 내러티브를 재구성할 때, 상

---

4. 패턴–재인 도식이란 진로구성주의 면담의 다섯 가지 질문들의 목표인 자기[자아 이상], 무대[직업적 흥미], 생애대본, 조언 그리고 전환을 위한 관점을 말한다. 자기self는 '배우로서 자기', 무대는 '에이전트로서 자기', 대본은 '작가로서 자기'로 발달적 통합이 이루어져야 하고, 조언은 이런 작가로서 자기가 다음 에피소드로 나아가기 위한 원칙을 말하며, 전환에 대한 관점에 의거해 바로 이런 작가로서 자기가 캐릭터의 전환을 끌어내기 위한 원동력으로서 집착, 즉 진로 주제를 밝힐 때 비로소 심층 플롯 구조가 만들어진다.

담자는 내담자의 미시적 내러티브들 속에 표현된 **신념, 가치, 목표**에 대해 논의함으로써 주제를 반복적으로 참조하고 강화한다.

하나의 주제를 따르는 내담자의 스토리들을 포괄적 순서에 맞춰 다시 이야기한다고 해서 스토리를 해석한다는 것은 아니다. 차라리 그렇게 다시 이야기하는 것은 의미를 심화시키고 삶을 긍정하는 방식으로 스토리를 확장하는 방법을 시사하는 감각, 즉 중요성에 대한 좀 더 광범위한 감각 속으로 스토리들을 통합하는 것을 목표로 한다. 특정한 내담자를 위해 적합하고 적절한 것으로서 이렇게 다시 이야기하는 일은 무엇이 이 내담자에게 활력을 주는 것인지, 그들이 무엇을 표현할 필요가 있는지, 그들이 행하는 희생, 그리고 그들이 회복해야 하는 균형에 대해 논의하는 것과 관련된다.

■ ■ ■ **팁**

- 내담자의 첫 번째 스토리 속에서 일어났던 일은 상담자가 다시 이야기할 때 온전히 똑같은 것으로 유지되어야 한다.

- 간결해야 한다. 내담자가 본래 제시했던 정보를 모두 필요로 하는 것은 아니다.

- 작은 단어들과 현재 시제 동사를 사용하여 스토리에 생기를 불어넣어라.

- 판단하지도 분석하지도 혹은 설명하지도 마라. 그저 비계설정 질문에 대한 내담자의 응답에서 나온 구절을 사용해서 조직화하라.

과업 1. 관점 틀 만들기

초기 회상을 사용해서 내담자가 전환 문제를 위한 자신의 유비를 이해하고 평가하고, 무시할 수 없는 쟁점에 주의를 집중하도록 도와주라.

생애 초상에서 [다음과 같은] 첫 문장을 완성하면서 시작하라: "이런 전환에 직면할 때, 나의 근본적인 관심사는 나에게 ~를 다시 상기시켜왔다." 이 문장은 결국 하나의 단락을 위한 단 하나의 문장으로 홀로 있을 수 있거나 혹은 주제문으로 역할을 할 수 있다.

■ ■ ■ 근거

진로구성면담에서 마지막 질문은 초기 회상을 물음으로써 전환에 대한 내담자의 관점에 관한 정보를 탐구한다. 이 질문은 가장 개인적인 것이기 때문에 진로구성면담 순서에서 마지막에 배치된다. 따라서 상담자는 내담자가 상담자와 어느 정도 애착을 형성하는 등 진실된 관계를 수립한 연후에서야 묻는다. 대개 아주 깊은 의미를 지니기 때문에, 초상을 구성하는 일은 초기 회상 속에서 취해진 관점과 함께 시작한다.[5]

첫 번째 의미 수준에서 상담자는 초기 회상들, 특히 첫 번째 회상이 전환 내러티브를 바라보는 관점을 어떻게 제공하는지를 고려한다. 상담자는 초기 회상의 관점에서 문제를 바라보는 것이 어떻게 앞으로의

---

5. 즉 초기 회상의 질문은 진로구성면담의 마지막 질문이지만, 초기 회상에 대한 내담자의 답변 내용은 진로에서 생애 초상을 구성할 때 처음 부분으로 활용해야 한다.

길을 비추는지를 숙고한다. 그들은 초기 회상과 전환 내러티브의 한 가지 유비를 끌어낼 수도 있다. 만일 그것들이 어떤 유사한 특성을 공유하는 것처럼 보인다면 말이다. 예를 들어 한 내담자는 직업을 바꾸는 일을 생각하는데 그녀의 초기 회상을 기술하기를 침실 밖에 무슨 일이 일어났는지를 보려고 내다보는 상황으로 묘사했다. 그녀는 자신의 직업을 그만두고 싶어 했지만 아직 자신의 선택을 바라보기를 주저하였다. 왜냐하면 그는 그녀의 현재 지위 속에서 안전함을 느꼈기 때문이다.[6]

두 번째 그리고 좀 더 깊은 수준에서 상담자는 그 관점이 또한 하나의 집착preoccupation이 아닌지를 숙고한다. [과거의] 집착은 [미래의] 직업으로 전환될 수 있다. 현재 쟁점에 대한 단지 한 가지 관점이라기보다는 집착은 많은 다양한 경험을 해석하기 위한 인지적 도식으로서 사용될 수 있다. 이 수준에서 초기 회상은 종종 한 가지 중요한 핵심 역할 혹은 충족되지 못한 욕구[필요]를 드러낸다.

세 번째 그리고 가장 깊은 수준에서 상담자는 그 집착에 한 가지 강렬한 고통이 정박해 있는지를 숙고한다. 고통이란 [그저] 하나의 정서가 아니다. 그것은 트라우마와 상처에 대한 전체적 체계의 반응이다. 고통은 아주 가치 있는 뭔가로 부터 배제되었거나 그 뭔가를 상실했을 때 일어난다. 비유적으로 말해, 상처란 또한 뭔가 새로운 것이 산출되는 자궁이다. 13세기의 페르시아 시인 루미Rumi는 다음과 같이 썼다. "상처란 빛이 당신 안으로 들어오는 곳이다The wound is where the light enters you." 그 빛은 전형적으로 한 가지 대안적 스토리를 비춰준다. 이

---

6. 즉 초기 회상에서 침실은 현재의 지위의 안전함과 유사하고, 초기 회상에서 침실 밖을 내다보는 일은 현재 새로운 대안을 내다보는 것과 유사하다.

대안적 스토리란 앞으로 나가야할 길로서 고통 속에 함축된다. 상담자는 내담자의 필요 그리고 그것들을 충족시키는 방법에 대한 자기-알아차림을 증가시키면서 내내 내담자와 공감적으로 연결된다. 대부분의 내담자는 그들이 무엇을 필요로 하는지 느끼며, 눈물은 종종 증가된 자기-알아차림을 동반한다.

일부 초보 상담자는 내담자가 상처를 드러냄에 따라 불편할 수 있다. 이런 상담자는 초기 회상 질문을 생략할 수 있다. 그들은 고통을 직접적으로 목격함 없이 롤모델 속에 묘사된 해결책으로부터 작업을 할 수 있다. 그러나 상담자가 내담자의 고통과 가능성을 보듬어 주는 데서 안전함을 느낄 때, 그들은 전환이 애착 속에서 하나의 파열을 재활성화시키는지 아니면 내담자의 세계를 그것의 축으로부터 벗어나 [새로운] 스핀-오프[7]를 만들어내는지를 숙고한다.[8] 이런 수준에서 작업을 할

---

7. 원문은 whether the transition … spins client's world off its axis이다. 여기서 spin … off이란 본래 경제 분야에서 가장 먼저 사용된 용어인데, 회사분할의 한 방법으로 기업의 경쟁력을 강화하기 위해 일부 사업부문을 분리해 자회사로 독립시키는 것으로서, 좀 더 민첩하고 효율적인 시스템을 구축하기 위한 기업의 전략 중 하나다. 그런데 이 경제용어가 대중문화의 용어로 전용될 때, 영화나 드라마 중 대중에게 큰 사랑을 받은 작품이 후속작을 제작하는 경우를 말한다. 그 중에는 전편의 스토리와 이어지는 시리즈물이 있는 반면, 전작에서 조연이 극의 주인공이 되는 등 완전히 새로운 관점에서 스토리를 다룬 스핀-오프 작품도 존재한다. 문맥상 사비카스는 spin … off라는 용어를 사용할 때 이 마지막 용법으로 사용한 것으로 보인다. 전환의 가장 극적인 의미는 바로 자신의 진로 드라마에서 항상 조연이나 엑스트라로 역할을 하던 자가 자신의 드라마의 주인공으로 거듭나는 캐릭터 아크, 즉 변곡선을 그려냄으로써 새로운 드라마를 만들어낼 때 드러난다.
8. 일반적으로 보듬어 주는 환경 혹은 안전기지 속에 있다고 느낄 때 사람은 생물학적으로 옥시토신의 분비를 수반한다. 옥시토신은 연민어린 양육, 낭만적 파트너 사이의 유

때, 고통은 그것을 배후에 있는 스토리와 연결시킴으로써 현재 쟁점을 새로운 관점으로 표현하게 되며, 결국에는 첫 번째 의미의 수준으로서 앞서 기술되었던 관점을 재설정하는 데 주의를 되돌리게 한다.

■ ■ ■ 평가

비록 초기 회상의 내용이 과거로부터 비롯되지만, 그 스토리들은 현재에 관한 것이다. 그것들은 현재 실행 가능한 비전과 미래를 위한 전략을 형성하는 것의 일부이다. 기억은 적극적으로 선택적이며, 내담자는 현재 문제와 관련된 초기 회상을 직관적으로 선택한다. 예를 들어 일에서 어려움을 겪는 한 내담자를 생각해보자. 그녀는 세 살이었을 때, 그녀를 집 안에 두고 밖에서 문을 걸어 가둔 한 보모에 관한 초기 회상을 이야기한다. 상담자는 오늘날 내담자가 그녀의 일터에서 기회로부터 갇힌 것에 대해 어떻게 느끼는지를 이해할 필요가 있다. 혹은 [유아시절] 내담자가 기저귀를 갈기 원치 않았는데 기저귀가 교체되었던 초기 회상을 이야기하는 내담자를 생각해보자. 상담자는 바로 지금 내담자의 진로에서 원치 않는 변화가 일어난 것에 관해 궁금해 할 수 있다. 이런 두 가지 초기 회상에서 주요 동사가 대부분의 초기 회상에서 그렇듯이 의미를 지닌다는 것을 주목하라. 상담자는 이런 동사들을

대감 형성, 낯선 사람에 대한 공감과 관대함과 관련이 있다. 그러나 옥시토신의 분비후 안정 애착의 사람들에게는 어머니로부터 돌봄을 기억할 가능성이 높지만, 불안 애착 유형의 사람들에게게는 무관심한 어머니를 기억할 가능성이 높다고 한다(Bartz et al., 2010). 상담자가 제공하는 보듬어 주는 환경 혹은 안전기지는 내담자로 하여금 한편으로는 과거 애착 형성시 겪었던 파열을 재활성화할 수도 있고, 다른 한편으로는 새로운 도전과 전환의 가능성을 동기 부여할 수도 있다.

생애 초상에서 증폭시킬 필요가 있다. 특히 초기 회상에서 주요 동사가 내담자가 진로 문제를 공식화하면서 묘사하는 운동 혹은 운동의 결여를 표현하거나 닮지 않았는지를 숙고하라. 만일 그렇다면, 상담자는 내담자로 하여금 그 내담자가 현재 진로 문제를 마주할 때 그런 움직임의 방식이 다시 일어날 수 있는지를 숙고하도록 할 수 있다.

구성주의 상담자는 초기 회상이 실제로 현재와 관련된 것이라는 사실을 믿는 것 외에도 내담자가 자신이 듣고 싶어 하는 스토리를 말한다는 것을 안다. 내담자는 모든 가능한 스토리들 가운데 현재 목표를 지지하고 행동에 영감을 불어넣는 그런 스토리를 선택한다. 그저 단순히 재기억하는 것이라기보다는 그들은 이전의 사건들이 현재 선택을 지지하고, 미래를 위한 기반을 놓도록 과거를 다시 기억한다. 상담자의 임무는 내담자의 초기 회상이 담은 [유년기] 자기가—[현재의] 자기에게—보내는 메시지를 듣도록 촉구하는 것이다.

상담자는 인상적이고 직관적인 접근법을 사용함으로써 초기 회상의 의미를 만들 수 있다. 대안적으로 상담자는 수많은 해석적 체계들 중 하나를 사용할 수 있다. 나는 클락(Clark, 2002)이 기술했던 방법을 추천한다. 개인적으로 나는 직관과 간단명료한 논리적 틀과 결합하여 초기 회상의 의미를 만들려고 노력한다. ① 나는 내담자가 스토리 속에서 다른 사람들과 관계를 맺는 방식에 대한 일반적 인상을 갖고 작업을 시작한다. ② 그 다음에 나는 첫 번째 동사를 숙고하고 그것을 증폭해 본다. 왜냐하면 그 동사는 종종 세상 속에서 한 사람의 가장 빈번한 방식의 움직임을 가리키기 때문이다. ③ 감정 단어는 아마도 종종 느껴지는, 특히 전환기 동안 느끼는 정서이다. ④ 헤드라인은 기억의 주요 의미를 분명하게 하며, 한 가지 주제를 시사한다. ⑤ 끝으로 나는 초기 회상을 전환 내러티브 속에서 제시된 문제와 비교한다. 이 과정에서 나는 전환을 위한 목표가 [다름 아닌] 초기 회상 속에 겪었던 문제를 능동적으로 지배하는 것일 수 있는 가능성을 숙고한다. 예를 들어 만일 사람들이 밖으로부터 잠겨서 갇힌다면, 그들은 돌아 들어갈back in 한 가지 길을 찾거나 또 다른 장소로 이동해야 한다. 만일 사람들이 어쩔 수 없이 변화해야 한다면, 그들은 자신의 생애에서 어떤 연속성을 유지하는 길을 찾아야 한다.

사례: 여기서 W.W.라고 지칭된 35세 여성은 자신의 아들이 초등학교 1학년에 진학했을 때, 자신의 진로 선택을 고려하기 위해 진로상담을 찾았다. 그녀의 초기 회상은 다음과 같다.

> 전 서너 살 쯤 사방이 막대기들로 둘러싸인 난간이 있는 병원 침대에 누워 있었던 일이 기억이 나요. 침대 주위를 둘러싸고 말이에요. 조명은 낮았고, 방은 어두웠어요. 전 엄마가 병원에 와서 저랑 함께 있기를 기다렸어요. 엄마가 오지 않을까봐 염려가 되어서 완전히 당황스러웠어요. 시간은 빨리 흘러가지 않았어요. 제 기억에 기다리는 동안 사람들이 저에게 세븐업인가 스프라이트를 주었어요. 마침내 엄마가 나타났고 저를 위해 거위 한 마리를 주었어요. 그건 『마더 구스Mother Goose』[9]였어요.

- **대인 관계적 방향정립:** 관계를 원한다.
- **첫 번째 동사:** 기다림(그녀는 원하고, 희망하고, 꿈꾼다)

---

9. 마더 구스는 프랑스 동화 모음집과 나중에 영어 동요의 상상의 작가로서 어린이 소설에서 유래된 등장인물이다.

- **감정**: 홀로, 당혹, 고립
- **헤드라인**: 나의 엄마는 어디에?
- **관점**: 다른 사람들로부터 분리되어 홀로 있다는 느낌. 다른 사람들 과 연결되기를 원하다.
- **수동성에서 능동성으로 전환**: 홀로 있고 간호가 필요한 사람들을 돕 는다.

W.W.의 생애-초상 문장 1: *이런 전환을 마주할 때, 나의 기저에 깔린 염 려는 내가 홀로 있고 버림받는 것을 두려워한다는 것을 나에게 상기시켜 왔다.*

■ ■ ■ **스토리 순서 분석**

　내담자는 종종 일련의 스토리 속에서 다른 관점에서 자신의 관점을 정교하게 설명하기 때문에, 내담자에게 세 가지 초기 회상을 묻는 것이 좋다. 나는 초기 회상으로부터 생각들을 쫓아갈 때, 아놀드(Arnold, 1962)에 의해서 고안된 스토리 순서 분석의 원리를 적용한다. 첫 번째 초기 회상은 내담자가 가장 염려하는 쟁점을 알린다. 초기 회상은 대개 내담자가 어떻게 고통을 겪는지를 가리킨다. 내담자가 이런 스토리에 사로잡힌 까닭은 바로 그것이 경계 경험이기 때문이다. 뷜러(Buhler, 1935, p.58)는 경계 경험을 개인이 그것을 넘어 움직일 수 없는 자기의 한계the edge of self로 느끼는 어떤 것을 말했다. 두 번째 초기 회상은 종종 저 염려를 정교화하여 심화한다. 상황이 나아지기 전에 더 악화되는 경우가 많다. 세 번째 회상은 흔히 잠재적인 해결책 내지 해소책을 제시하는 경우가 많다. 상담자는 내담자가 수동적 고통에서 능동적 숙달로 전환하기 시작하는 한 가지 변형적 활동 사고를 찾아내기 위해 세 번째 회상을 살펴본다. 변형적 초기 회상은 고통을 흡수하며, 내담자는 고통에 밀리지 않고 가능성에 의해서 더욱 이끌린다.

다음 사례를 생각해 보자. 한 내담자가 자신의 첫 번째 회상을, "전 새로운 집으로 이사를 가는 것이 기억나요"라고 보고했다. 나는 첫 번째 동사[이사 가다]의 의미를 증폭시키면서, 그것이 그의 현재 진로 관심에 대한 관점을 나타낼 뿐만 아니라 그의 생애에서 한 가지 빈번했던 행위를 대표한다고 생각한다. 나는 내 직관을 사용해서 그가 움직이고, 운동을 즐기고, 움직임 중에 있는 것을 좋아하고, 움직이고 흔드는 자이고, 감동받고, 동기가 있고, 정지된 것을 싫어한다고 상상해 본다. 나는 그가 기술했던 이사가 '새로운 집으로'였다는 사실을 깨달았다. 그와 같이 새로운 상황에로 이동하는 것은 아마도 부정적 요소로든 긍정적 요소로든 진로 주제에서 중요한 요소이다. 두 번째 회상에서 그는 이동에 대해 적응하는 데서 겪었던 어려움을 기억했다. "어느 날 전 자전거로 도로를 올라가는 중이었는데, 도로 아래쪽 늪과 같은 곤경에 빠지는 것을 피하기 위해 가능한 빨리 페달을 밟았어요."

이런 두 가지 초기 회상은 그의 진로 문제, 즉 방금 또 다른 새로운 직업으로 옮겼고, 할 수 있는 한 열심히 일하지만 자신의 지위를 확고히 하는 데 어려움을 겪는다는 점을 재현한 것이다. 그는 자신의 통제를 넘어선 힘들이 그를 끌어 내린다고 느꼈다. 나는 이 생애 초상 문장을 다음과 같이 써서 그로 하여금 숙고하도록 하게 했다. "이런 전환에 직면해서 나의 근본적인 염려는 내가 새로운 어떤 것으로 옮겼을 때, 늪과 같은 곤경에 빠져드는 것을 두려워한다는 점을 나에게 상기시켜 주었다."

그의 세 번째 초기 회상은 한 가지 잠재적 해결책을 가리켰다. 그 기억 속에서 그는 네 살 때 그의 어머니가 그에게 여러 장의 생일 카드를 사주었다. 어머니가 그에게 그 카드들을 읽어주었을 때, 그는 어머니가 종이에 글을 적고, 그것을 이해할 수 있었다는 사실에 놀랐었다. 그는 다음과 같이 말했다. "전 그때 경이감을 느꼈다고 생각해요." 아마도 종이 위에 적힌 단어들이 아래로 밀려남의 문제를 해결할 수 있다. 같은 직업에서 8가지 이상의 직위를 옮겨 가며 자신의 진로를 걸어오면서, 55세에 그는 직업의 변화와 관련해서 컨설팅을 찾았다. 그는 재정적으로 안정적이었고 정치에 출마하는 것과 같은 뭔가 새로운 것을 원했다. 곧 새로운 그 무언가가 바로 작가, 동기부여 연설가가 되는 것이라는 점이 분명해졌다. 그의 전문성은 사람들에게 늪에 빠지지 않고 새로운 상황에 적응하는 법을 가르치는 일일 것이다.

시작하려면 내담자의 세 가지 헤드라인들을 연결하여 하나의 더 긴 스토리를 구성되는지를 확인해 보라. 그것들은 대개 첫 번째부터 세 번째까지 순서가 있으며, 때때로 그 순서는 세 번째부터 첫 번째의 역순일 수 있다. 첫 번째 초기 회상으로부터 헤드라인을 작성하고 그런 다음 관점과 그것이 묘사하는 감정을 말하는 하나 혹은 두 개의 문장을 적어라. 반드시 초기 회상에서—대개 그것은 첫 번째 초기 회상일 것이다—가장 중요한 동사를 증폭시켜라. 그런 다음 두 번째 헤드라인을 적고 그것이 첫 번째 초기 회상을 어떻게 정교화 하는지를 설명하기 위해 한두 문장을 덧붙여라. 마지막으로 세 번째 헤드라인을 적고 그것이 문제해결을 위해 무엇을 제안하는지에 관한 몇 개의 문장을 적어라. 다음은 초기 회상에서 초기 회상으로 내담자의 생각을 따라가는 한 가지 사례가 있다.

첫 번째 헤드라인을 읽어보면, "낡아빠진 똑같은 스토리에 지친 소녀"입니다. 반복되는 과업과 경험으로 지루하고 좌절을 느낍니다. 그러나 두 번째 헤드라인에서 당신은 "소녀는 변화를 두려워한다"라고 설명합니다. 내담자는 미칠 정도로 지루함에도 불구하고, 그 동안 확고히 다져놓은 안정된 지위로부터 변화하는 것에 대해서 불안해하는 것 같습니다. 세 번째 헤드라인에서 이렇게 말합니다. "소녀는 한 가지 새로운 관점을 취한다". 당신의 설명에 따르면, 당신은 일을 하는 방식을 바꾸기 위해서는 사물을 바라보는 방식을 바꿔야만 합니다. 새로운 관점에서 바라보는 것은 아주 흥미롭고, 도전적이고, 극적이고, 그리고 매력적입니다.

상담자는 내담자에게 스토리–순서 분석을 읽어줄 때 각각의 헤드라인과 그것의 설명에 대해 내담자가 차례대로 성찰하고 논평해보게 한다. 그런 다음 세 번째 헤드라인 끝날 때 다시 한 번 전행 과정을 추적하는 방식으로 내담자에게 의견을 말하게 한다.

■ ■ ■ 팁

- '왜냐하면', '결과', '이유'와 같은 인과적 단어뿐만 아니라 '생각하다', '깨닫다', 그리고 '믿는다'와 같은 성찰 단어를 사용해서 내담자가 [스스로] 자기 성찰을 하도록 촉진하고 힘을 실어줘라.
- 논의 중 초래된 감정을 처리하기 위해 잠시 멈춰라.
- 새로운 뭔가를 실존 속으로 불러들일 때 설득력 있는 메타포를 사용하라. 메타포는 내담자가 알려진 것으로부터 미지의 것으로 이동하는 데 도움을 준다. 초기 회상은 내담자가 만들어내며, 특히 그들에게 의미가 있다는 점에서 유리한 풍부한 메타포의 원천을 제공한다.

예를 들어 한 초기 회상에서 한 내담자는 계단을 뒤로 내려가는 것이 어떻게 그녀에게 새로운 관점을 주었는지를 설명했다. 우리는 그런 다음 그 메타포를 사용해서 그녀가 주요한 전환을 이루기 전에 새로운 관점을 얻기 위해 진로 사다리를 어떻게 내려갈 필요가 있는지를 논의했다.

과업2. 자기 기술하기

이 시점에서 상담자는 내담자가 창안한 의미를 통해 자기self 개념화를 엿볼 수 있다.

생애 초상을 위한 두 번째 문장을 완성하라 :
"나는 _____, _____, _____이다."

■ ■ ■ 근거

롤모델은 개인이 자신의 특성을 개발하는 데 사용하는 상상력 자원이다. 롤모델의 선택은 자기 구성에 대한 결정과 각자가 개발할 필요가 있다고 믿는 특징들을 나타낸다. 내담자가 자신의 롤모델의 속성에 대해 기술할 때, 자신에 대한 핵심적인 개념화가 밝혀지게 된다. 내담자가 롤모델을 기술하기 위해 사용하는 단어는 그들 자신에게 동일하게 적용된다. 청소년기 동안 개인들은 그들이 모방하는 속성들을 결합함으로써 하나의 일관된 정체성을 구성한다. 상담자는 이런 동일한 속성들을 융합해서 말로 표현된 밑그림을 그리며, 이를 통해 내담자의 성격에 대한 간결하면서도 일반적인 설명을 묘사한다. 그 밑그림은 단순히 속성들을 요약한 것이 아니고 종합한 것(Erikson, 1968)으로, 복합적인 개인적 특성을 조정하고 통합하는 형성물configuration이다.

■ ■ ■ 평가

상담자는 캐릭터의 윤곽의 밑그림을 그릴 때, 우선성, 반복성, 그리고 복잡성에 기초한 핵심적인 자기-개념화를 파악한다. 상담자는 내담자가 첫 번째 롤모델을 기술하기 위해 사용했던 첫 번째 명사나 형용사에 집중하는 것으로 작업을 시작한다. 우선성은 대개 중요성의 신호다. 첫 번째 초기 회상에서 첫 번째 동사와 유사하게, 롤모델의 기술 속에서 첫 번째 속성은 한 가지 핵심 특징을 확인해준다.

우선성 외에도, 빈도 또한 중요성을 나타낸다. 심리-어휘 가정을 따라, 상담자는 반복된 단어와 문구를 음미한다. 왜냐하면 좀 더 자주 사용된 단어는 종종 자기에 대한 좀 더 현저한 특징을 기술하기 때문이다. 또한 반복된 단어는 광범위한 상황에서 좀 더 일관된 행동과 관련된 안정적인 속성을 지시한다(Leising, Schalloth, Lohse, & Wood, 2014).

반복된 단어 외에도, 상담자는 또한 독특한 속성들의 전체 숫자를 확인한다. 왜냐하면 이 숫자는 자기-개념의 복잡성을 가리키기 때문이다.

끝으로 상담자는 두 가지 단어가 상호 상충되는 특징들을 시사하는지 그리고 한 가지 명백한 모순이 하나의 일관된 종합 속에서 해소되는지를 평가한다. 일반적으로 서로 어울리지 않는 두 가지 특징에 집중하면 대개 내담자에 대한 더 깊은 이해에 다다를 수 있다. 예를 들어 한 내담자가 '거친'과 '부드러운'이라는 두 단어를 모두 사용해서 자기를 기술할 수 있다. 이런 형용사들은 대개 어울리지 않지만, 그럼에도 불구하고 그 내담자는 그것들 두 가지 특징을 다 구현하는데, 아마도 약자를 괴롭히는 사람들로부터 약한 사람을 보호하려고 할 때 그렇다. 내담자가 대립적인 속성들을 어떻게 통합하는지를 알아보는 것은 내담자의 자기-구성의 독특한 특성을 두드러지게 한다.

상담자는 일련의 자기-관련 기술을 가지고 내담자에 대한 간결하고 선명하게 끌어낸 특징을 공식화한다. 예를 들어 자신의 어머니가 병원에 도착하기를 기다렸던 것을 회상했던 W.W.는 아이 때 그녀의 첫 번째 롤모델이 원더우먼이었다고 말했다. 그녀는 원더 우먼과 암묵적으로는 "도움을 주는, 강하지만 폭력적이지는 않은, 그리고 곤경에 빠진 사람을 구하기 위해 **항상** 거기에 있는"이라는 단어들을 가지고 기술했다. 그녀는 두 번째 모델인 제니아Xenia[10]를 "강하고, 두려워하지 않고, 죄 없는 사람을 보호했던, 타인들을 대변했던, 자신의 신념을 위해 싸웠던" 자로 기술했다. 그녀의 세 번째 모델은 바니Barney[11]였는데, 그녀는 [이 모델이] "낙관적이고, 배려심이 있고[돌보며], 그리고 항상 타인들을 돕는다"고 기술했다.

W.W.의 생애-초상 문장 2 : *나는 강하며, 배려심이 있고, 도움을 준다. 나는 항상 죄 없는 사람들을 보호하지만, 폭력적 방식으로 보호하지는 않는다.*

---

10. 게임 캐릭터.
11. 1992년부터 2010년까지 미국에서 만든 어린이용 TV 시리즈 〈바니와 친구들Barney & Friends〉에 나오는 주인공 디노사우르스 캐릭터다.

W.W.가 '항상'이라는 증폭기 단어를 두 번 사용한 것을 주목하라. 상담자는 사람이 항상 타인들에게 도움을 주어야 한다는 믿음이 초래하는 잠재적 스트레스에 대해 적절한 시점에 논의할 것이다.

■ ■ ■ 팁

- '좋은', '대단한' 그리고 '나쁜'과 같은 순전히 평가적인 단어들은 무시하라.

- 추상적인 단어일수록 자기-개념의 위계 속에서 좀 더 강력한 속성을 지시한다. 내담자가 여러 가지 유사한 단어를 사용해서 자신의 롤모델을 기술할 때, 가장 많이 반복된 단어 혹은 최고 수준으로 추상화된 단어를 선택하여 그 행동을 기술하라. 예를 들어 '자비로운', '인정 많은', '예의 바른', 혹은 '사려 깊은' 등의 일군의 유사한 기술어로부터 '친절한'을 선택하라.

- 만일 롤모델을 기술하는 일이 정서를 불러일으킨다면, 그 롤모델이 의미와 느낌의 조건에서 무엇을 상징하는지를 탐색하라.

- 부모와 롤모델의 내면화는 마음에서 다른 역할을 한다. 개인은 부모가 아닌 자신의 롤모델을 선택한다. 내담자는 자신의 부모의 영향을 받지만take in, 롤모델과의 동일시를 선택한다take on.

- 집단주의 문화에서는 롤모델과의 동일시보다 부모의 안내 역할의 영향력이 진로구성에서 더 강력한 역할을 한다.

과업 3. 초기 회상을 롤모델의 속성과 연결시키기

초기 회상 속에서 관점과 집착으로부터 롤모델이 낳은 속성의 형식 속에서 제시된 해결책에로의 경로를 추적하라.

생애 초상을 위한 세 번째 문장을 완성하면서 내담자의 캐릭터의 변곡선[12]을 그려라. 생애 초상 문장은 대개는 완전한 단락을 위한 하나의 주제 문장이다 :

"성장하는 가운데 발생된 문제를 해결하기 위해,

나는 _____을 _____으로 전환시켰다."

■ ■ ■ 근거

내담자는 그들이 자신의 롤모델에서 그들 문제에 대한 해결책을 찾음에 따라 변화한다. 생애 초상은 내담자가 초기 회상 속에서 기술된

---

12. 원문은 Arc the client's charcter인데, 명사arc보다 동사arch가 더 정확한 표현으로 보인다. 다음 단락에서는 arch the character라고 적기 때문이다. 본래 캐릭터 아크Character arc는 인물호(人物弧)라고 부르기도 한다. 캐릭터 아크는 스토리의 줄거리가 진행되는 동안 일어나는 등장인물의 변화 또는 '내면의 여정'이다. 어떤 스토리가 캐릭터 아크를 지니면, 등장인물은 스토리가 전개되어 가는 변화에 따라 점차 다른 특성의 인물로 변화한다. 이때 인물의 성격 특성이 전혀 다른 상반된 특성으로 변하는 경우가 많기 때문에 아크(호)라는 말을 사용한다. 일반적으로 주동인물이나 반동인물이 캐릭터 아크의 적용을 받으나, 비중이 덜한 인물이 변화하지 못하는 것은 아니다. 많은 스토리의 플롯에서 주동 인물은 보통 처음에는 기술, 능력, 지식, 자원, 동료 등이 부족하므로, 그들이 직면한 대립적인 세력을 극복하지 못하는 것처럼 보인다. 그러나 인물은 새로운 기술 학습, 환경과의 상호작용, 멘토의 조력, 관점의 변화 등의 다양한 방법을 통하여 자존감과 능력을 향상시킨다.

문제를 해결하기 위해 롤모델로부터 베낀 특징들을 묘사한다. 그와 같이 미시적-내러티브의 플롯을 짜는 것 외에도 상담자는 '캐릭터의 변곡선을 그린다'. 상담자는 청소년 후기나 성인 초기에 내담자가 롤모델과의 동일시를 자신의 정체성으로 융합하는 것이 그들의 정체성의 구성과정과 구성내용 결정하는 방식을 강조한다.

■ ■ ■ 평가

플롯의 순서상 구조는 캐릭터 변곡선을 드러낸다. 상담자는 내담자가 초기 회상 속에서 드러낸 관점과 집착을 진술함으로써 [캐릭터] 변곡선을 논의하기 시작하며, 그런 다음 내담자가 모방할 수 있는 롤모델을 선택한 방법에 대해 넘어간다. 사실상 모든 내담자에게 롤모델의 특징은 그들의 초기 문제와 계속되는 집착에 대한 해결책을 묘사한다. 그와 같이 구성주의 상담자는 생애 초상에서 내담자의 롤모델이 초기 회상에서 명료하게 된 문제들을 어떻게 해결하는지에 대한 이해와 소통에서 부지런해야 한다. 예를 들어 W.W.를 생각해보자. 이 내담자의 초기 회상은 '어머니가 병원에 도착하길 기다리며 느꼈던 홀로 있음'이었다. 우리는 그녀의 롤모델 원더우먼이 사람들을 돕고 구하기 위해 항상 거기에 있다는 것을 알았다.

> **W.W.의 생애-초상 문장 3:** *성장기의 문제를 해결하기 위해, 나는 버려졌다는 느낌을 세상에 홀로 있다고 느끼는 사람들을 돕기 위해 항상 이용될 수 있음being available으로 전환했다.*

사회사업 분야에서 일했던 한 성인 여성의 다른 예를 생각해 보자. "나는 아저씨의 풀장에 빠졌던 기억이 나요. 그때 난 수영할 줄도 몰랐고 그래서 천천히 바닥으로 빠져들고 있었어요. 고개를 들어 위를 보니, 누군가가 팔로 나를 밖으로 끌어내는 것을 보았어요. 그때 나는 너무 두려웠고 무기력했어요." 그녀의 최초의 롤모델은 오즈의 마법사의 도로시였다. 왜냐하면 도로시는 "독립적이었고, 다른 사람들이 자신에게 결여된 것을 성취해내는 것을 도울 수 있었기" 때문이다. "그녀는 사악한 마녀와도 싸우고, 미지의 세계를 여행을 떠날 용기도 있었다." 도로시는 두려움이 아닌 용기뿐만 아니라 무력감이 아닌 독립심의 모델이었다. 물론 타인들이 자신의 삶에서 결여된 것을 성취하도록 돕는 일은 내담자의 직업과 잘 어울린다.

일부 내담자는 상담자가 연결고리link에 주목하도록 하기 전에 스스로 연결connection을 만든다. 예를 들어 자신의 영웅으로 낸시 드루[13]을 기술했던 한 여성은 다음과 같이 말했다. "저는 항상 낸시의 용감함에 감동을 받았어요. 왜냐하면 나는 용감한 아이가 아니었거든요. 그녀는 무서운 것들을 해냈어요. 전 그녀가 손전등 하나만 가지고 혼자서 계단 아래 어둠 속으로 갈 수 있었다는 것에 놀라곤 했어요. 전 여전히 그녀만큼 용감하지는 않아요. 그렇지만 전 지금 노력중이에요."

---

13. 낸시 드루는 유명한 미스터리 소설 시리즈 『낸시 드루 미스테리 스토리Nancy Drew Mysteries Stories』에 등장하는 주인공 캐릭터이다. 주인공 낸시는 1914년에 태어났으며 18세라고 소설에 설정된다. 낸시는 독립적이고, 자신감 있고, 똑똑하고 젊은 여성의 표본이 되어 미국 여성의 이상적인 롤모델로 자리매김을 했다고 하는데, 중남미계 최초 미국 대법관인 소토메이어Sotomayor, 미국 전 국무위원장 힐러리 R. 클린턴Hillary R. Clinton 그리고 전 퍼스트 레이디 로라 부시Laura Bush 등 많은 유명 여성인사 또한 유년 시절 영향을 받은 책으로 이 책을 꼽는다.

■ ■ ■ **팁**

- 내담자가 롤모델의 특성을 모방함으로써 초기 회상에서 수동적 고통을 능동적 숙달로 변형시키는 캐릭터 변곡선을 보여주려고 노력해보라. 수동적임으로부터 능동적임으로의 이동에 대한 이와 같은 개념화를 강력하게 강화하라. 그리고 전환의 교량을 만드는 일이 어떻게 그들의 캐릭터 변곡선을 확장하고 두껍게 하는지를 슬쩍 보여줘라.

- 만일 [상담자] 여러분이 연결을 만드는 데 어려움을 만난다면, 백지 왼편에 내담자의 첫 번째 초기 회상을 적고, 오른편에 롤모델의 속성을 적어라. 그런 다음 그것들 간의 선을 그음으로써 수동성에서 능동성으로 전환 과정을 재현하라. 그 선 위에 그 선을 설명하는 생애 초상을 위한 한 가지 진술을 적어라. 예를 들어 초기 회상에서 한 내담자는 두려움에 사로잡혔다고 느끼는 반면, 롤모델에게 용감함을 칭송했다. 그런 다음 그 선은 다음과 같이 진술한다. "당신은 두려움에 사로잡힌 작은 사내로 시작했지만 이 세상에서 살아남아 당신의 목표를 성취하기 위해서, 당신은 용감함이 필요했습니다. 당신이 용감한 영웅들을 어떻게 선택했는지를 보세요. 당신은 자신의 두려움을 용기로 전환하기 위해 그들을 모방했습니다."

- 가능하다면, 내담자의 초기 회상과 롤모델의 기술 모두에서 나타나는 평행하는 단어들을 사용하라. 예를 들어 초기 회상 헤드라인을 "소녀는 변화를 두려워하다"라고 적은 내담자와 함께 나는 그녀의 롤모델 기술에서 두 가지 문구를 강조했다. 한 모델은 한 모델은 "자신의 두려움에 맞설 수 있는"이라고 기술되었고, 두 번째 모델은 "자신이 원하는 것을 쫓아갔다"라고 기술되었다. 나는 내담자에게 다음과

같이 말했다. "당신은 변화를 두려워하지만 두려움에 맞서는 것을 겁먹지 않으며 당신이 원하는 것을 추구하는 그런 하나의 자기를 형성해왔군요."[14]

• 수동으로부터 능동으로 변형을 전환 내러티브로 확장시켜라. 내담자에게 자신의 캐릭터 강점이 이제 전환을 연결하는데 어떻게 사용될지, 그리고 가능하다면 그런 강점들이 내담자의 다음 직책에서 어떻게 사용될지를 물어보라.

• 동기부여의 심리학에서는 세 가지 두드러진 구성개념들이 있다: **필요, 가치, 흥미**(Savickas, 2014). 초기 회상은 필요 혹은 사람에게 결여된 것을 묘사한다. 롤모델은 가치 또는 자신의 욕구 충족을 추구하는 것을 보여준다. 그와 같이 성취와 같은 가치 있는 목표들은 부적절한 감정을 극복하는 것과 같은 필요를 충족시킨다. 세 번째 구성개념은 흥미인데, 이것은 필요와 가치를 연결시킨다.[15]

---

14. 현재 사례에서 초기 회상에서 '변화를 두려워하는'라는 문구와 롤모델의 기술에서 '두려움에 맞설 수 있는' 그리고 '자신이 원하는 것을 좇는'이 평행하는 문구들이 된다.

15. 여기서 필요와 가치 그리고 흥미는 각각 세 가지 비계설정 질문들인 초기 회상, 롤모델 그리고 직업적 흥미를 통해 밝혀지며, 초기 회상에서 필요를 발견하고 롤모델에서 가치를 찾아 양자를 연결한 후, 직업적 흥미를 통해 필요와 가치를 다시 연결한다. 이를 자기self와 정체성identity의 관계로 설명해보자. 롤모델을 통해서 결핍을 충족시키는 자기가 구성된다. 그러나 아직 자기는 추상적, 탈맥락적이다. 흥미를 통해 자기가 강점을 발휘할 수 있는 맥락, 즉 무대를 자기와 연결시켜 줌으로써 직업적 정체성이 형성된다.

과업 4. 흥미를 명명하기

내담자의 흥미에 부합하는 직업 혹은 전공 유형을 말하고, 롤모델에서 채택한 속성을 구현하는 방법을 설명하라.

다음 생애-초상 문장을 완성하라.

"나는 이제 내가 롤모델로부터 배웠던 속성을 나의 교육과 직업적 추구에 활용할 수 있다. 나는 _____인 사람들 주변에 있는 것을 흥미로워한다. [나는] _____와 같은 장소에 흥미로워한다. [나는] _____와 관련된 문제를 해결하는 것과 _____와 같은 절차를 사용하는 것을 흥미로워한다. 특히 나는 _____, _____, _____에 흥미로워한다."

■ ■ ■ 근거

구성주의 상담자는 내담자의 가장 좋아하는 잡지, 텔레비전 쇼, 혹은 웹사이트 속에서 표명되는 교육적, 직업적 흥미를 평가한다. 이런 대리 만족적인 환경에 대한 기술은 내담자의 선호하는 작업 무대와 매력적인 직업을 시사한다.

■ ■ ■ 평가

내담자가 딱 맞는 자리를 찾는 것을 도와주기 위해, 상담자는 네 가지 차원에 따라 내담자를 끌게 만드는 무대를 분석할 수 있다. ① 상담자는 내담자가 일하고 싶어 하는 **장소**, ② 그들이 상호작용하기를 소망하는 **사람들의 유형**, ③ 그들이 역점을 두고 다루기를 선호하는 **문**

제, 그리고 ④ 사용하기를 좋아하는 **절차**를 알고 싶어 한다. 여러분 자신에 대해 네 가지 차원을 평가하고, 여러분 자신의 분명한 흥미들을 요약해 보라. 아마도 다음과 같은 한 가지 문장이 당신에게 적합할 수도 있다: "나는 이타적이고 격려해주는 '사람들'과 함께, 학교나 기관과 같은 장소에서, 사람들이 진로'문제'를 해결하는 것을 돕기 위해, 상담과 조언을 '절차'로 사용하는 일을 하기를 좋아한다."

내담자 W.W.는 네 가지 프로그램을 즐긴다고 답했다. 그녀는 〈그레이 아나토미Grey's Anatomy〉를 좋아했다. "왜냐하면 그 스토리는 문제를 해결하고, 역경을 극복하고, 다른 사람들을 돕기 위해 함께 일하는 사람들에 관한 것이기 때문이다. 캐릭터 발달에서 깊이가 있다. 쟁점들과의 각각의 투쟁은 크고 작은 성공을 갖는다." 그녀는 〈커뮤니티〉를 좋아했고 그것은 "부적응자들이 모인 한 집단에 대한 연구였다." 또한 그녀는 "병원에서 따돌림 받는 사람인 하우스House"와 "자신의 학교에서 아웃사이더인 베로니카 마스Veronica Mars"를 즐긴다. 그녀의 명백한 흥미는 다음과 같은 문장을 시사한다.

W.W.의 생애-초상 문장 4: *나는 지금 롤모델로부터 배운 속성을 나의 교육과 직업적 추구에서 사용할 수 있다. 나는 팀으로 일하는 사람들과 함께 학교나 병원과 같은 장소에서 따돌림 받는 사람들이 자신의 문제를 해결하고 역경을 극복하는 것을 돕기 위해 상담이나 의학과 같은 절차를 사용하는 것에 흥미가 있다. 특히 나는 심리학자나 사회사업가 혹은 상담자가 되는 것에 흥미가 있다.*

분명한 흥미들을 평가할 때, 상담자는 홀랜드(1997)의 직업 성격과 작업 환경의 유형론을 적용할 수 있다. 홀랜드의 RIASEC 모델은 사람들과 직업을 유형화하는 구별적 어휘를 제공하는 지식 체계다. RIASEC 어휘 덕분에 상담자는 개인과 작업 세계에 관해 좀 더 효과적이고 효율적으로 생각할 수 있다. 여섯 가지 직업적 성격과 작업 환경 프로토타입은 작업 환경과 거기서 일하는 사람들을 분류하는 속성을 구별하는 데 믿을 수 없을 정도로 유용하다. 프로토타입에 대한 한 가지 간결한 기술은 다음과 같다.

- **실재형**Realistic types: 외부 작업 혹은 기계를 가지고 작업하는 데 흥미를 가진 행동하는 자이다.
- **탐구형**Investigative types: 학문과 테크놀로지에 관심을 보이는 생각하는 자이다.
- **예술형**Artistic types: 예술, 음악 그리고 글쓰기에 흥미를 보이는 창조자이다.
- **사회형**Social types: 가르치는 것과 소통하는 것에 흥미를 보이는 돕는 자이다.
- **기업형**Enterprising types: 관리와 설득에 흥미를 보이는 리더들이다.
- **관습형**Conventional types: 조직화와 유지에 흥미를 보이는 팀 구성원들이다.

상담자는 내담자가 가장 좋아하는 잡지, 텔레비전 프로그램, 그리고 웹사이트에 대한 그들의 끌림에 대해 설명하기 위해 사용하는 기술들에 대해 조사하고 유형들을 지정한다. 대부분의 내담자의 표명된 흥미는 분명히 RIASEC 프로토타입의 하나 혹은 두 가지와 유사하다. 예를 들어 W.W.는 문제를 풀어나가는 탐구형 그리고 사람들을 돕는 사회형과 가장 닮은 것처럼 보인다. 내담자에게 독특한 끌림은 상담자의 주의 대상에 대한 일반적 이해와는 다를 수 있다. 그럼에도 불구하고, 예시의 목표를 위해 다음 표는 잡지, 텔레비전 프로그램, 웹사이트, 레저 활동에 RIASEC 유형을 할당하는 사례를 보여준다.

RIASEC 유형에 의해 표명된 흥미의 사례들

	잡지	텔레비전	웹사이트	레저
R	Field and Stream	This Old House	Fine Woodwork	야외 Outdoor 기술 Technical 기계 Mechanical
I	Science	CSI	NASA	생각 Think 배움 Learn 문제해결 Solve
A	Rolling Stones	America' Got Talent	America' Got Talent	창조 Creat 글쓰기 Write 여행 Travel
S	People	Friends	Twitter	사회화 Socialize 도움 Help 자원 Volunteer
E	Money	Shark Tank	Politico	주도 Lead 관리 Manager 설득 Persuade
C	Coin Collecting	Martha Stewart	Sports Collector Digest	조직화 Organize 수집 Collect 유지 Maintain

■■■ 직업적 전문성 흥미

명백한 흥미는 또한 하나의 직업, 예를 들어 상담분야 내부에서 전문성에 대한 흥미를 확인하는 데에도 사용될 수 있다. 아래는 수련 중인 여섯 가지 상담자 사례가 있다. 각 학생이 [모두] 사회형이지만 특수한 흥미에서 서로 다른 점에 주목해 보자. 흥미를 드러내는 것은 잡지나 TV 프로그램의 타이틀이 아니다. 흥미를 드러내는 것은 다름 아니라 잡지나 TV 프로그램과 관련해서 학생들이 흥미로운 것으로 발견하는 것이다.

성 상담치료자가 될 계획을 갖는 한 학생은 다음과 같이 말했다: "저는 잡지 「코스모폴리탄」을 좋아해요. 왜냐면 거기에는 성에 대한 난처할만한 논의들이 있기 때문이죠."

문제가 있는 10대 소녀와 상담하는 학교 상담자가 될 계획이 있는 한 학생은 다음과 같이 말했다: "저는 「틴스 맘즈Teens Moms」를 좋아해요. 이 잡지는 심각한 정신적 문제가 있는 삶과 관계를 다루거든요. 그건 슬프고 끔찍하지만 흥미롭거든요. 전 항상 제가 그런 사람들과 이야기를 나누며 그들이 자신이 저지른 불량한[유독한] 모든 짓들과 그들의 삶에서 [관계 맺는] 나쁜 사람들을 알아차릴 수 있도록 도와주고 싶어요."

진로상담자가 될 계획이 있는 한 학생은 다음과 같이 말했다: "〈닥터 후Dr. Who〉는 자신이 올바른 결정을 내리는지 그리고 무엇을 하든 그 전에 대단한 생각을 해내는지 항상 궁금해하죠."

수감자가 감옥에서 일상의 공동체로 전환하도록 돕는 일을 계획하는 한 학생은 다음과 같이 말했다: "제가 가장 좋아하는 TV쇼는 〈프린지

Fringe〉예요. 평행하는 세계들에 관한 프로그램인데요, 각 세계에서 무슨 일이 벌어지는 지를 알아내려고 노력하거든요. 캐릭터들은 상황을 똑같이 만들고 싶어 하고 다른 사람들이 스스로의 힘으로 두 세계들에 대해 알도록 도움을 줘요."

약물남용 내담자와 상담 작업할 계획을 세운 한 학생은 다음과 같이 말했다: "쇼 〈워킹 데드The Walking Dead〉. 이 쇼는 살아남으려고 노력하는 사람들, 그러니까 서로를 끝까지 돕는 팀에 대해 다뤄요."

이미 진로 코치로 일하는 한 학생은 다음과 같이 말했다: "제 남편은 왜 제가 〈워킹 데드〉를 좋아하는지를 이해하지 못해요. 제가 이 프로그램을 좋아하는 까닭은 그게 자신의 직업을 잃은 제 중년의 내담자를 생각나게 만들기 때문이죠."

■ ■ ■ 팁

• 〈오*네트O*Net〉를 참고하면, 내담자의 두 가지 유형 혹은 세 가지 유형의 RIASEC 타입과 부합하는 직업목록을 작성할 수 있다.[16] 그 목록을 가지고 내담자와 논의하고 그런 다음 그것을 내담자에게 주고 간직하도록 하라.

• 내담자의 이전 학업 전공들, 직업적 지위, 그리고 여가 추구가 어떻게 상담 동안 논의된 흥미를 표현하는지 추적함으로써 흥미에서 연속성과 일관성을 보여줘라.

---

16. 국내에는 커리어넷www.career.co.kr에서 검사를 할 수 있다.

과업 5. 시나리오 작성하기

　한 내담자의 현재 가장 좋아하는 스토리를 전환 문제의 조건 속에서 해석하고 그 스토리가 진로 스토리에서 다음 시나리오를 위한 가능한 경로 혹은 행위에 대해 어떤 윤곽을 보여주는지 제안해보라.

　다섯 번째 생애−초상 주제 문장, 말하자면 시나리오 문장을 완성해보자: "만일 내가 나의 가장 좋아하는 스토리로부터 대본을 채택한다면, 나는 ＿＿＿＿＿할 것이다."

■ ■ ■ 근거

　스토리는 하나의 렌즈 역할을 할 수 있는데 그것을 통해 사람들은 그들이 경험하는 사건을 지각하고 이해한다. 가장 좋아하는 스토리는 사람들 자신이 그 속에 끼어 있는 담론의 여러 측면들을 되비추어 준다. 그들 자신과 그들의 주변 상황을 그 스토리 속에 삽입함으로써 그들은 그들의 자기 감각을 변형시킬 수 있으며, 특히 그 스토리가 그들이 나아갈 수 있는 합리적인 방식을 제안할 때 더욱 그렇다.

■ ■ ■ 평가

　가장 좋아하는 스토리는 내담자를 편안하게 해준다. 왜냐하면 그들은 또 다른 사람이 유사한 문제를 어떻게 해결했는지를 그리고 그들 자신이 어떻게 나아갈 수 있을지를 배울 수 있기 때문이다. 상담자는 한 내담자의 가장 좋아하는 스토리에 대한 내레이션을 경청하면서 그것이 전환을 연결하는 계획을 제안하는지를 변별한다. 상담자는 종종 저 가장 좋아하는 스토리가 진로에서 다음 장을 위한 시나리오를 얼마나 분명하게 제안하는지를 보고 놀라곤 한다. 그러나 이것은 우연이 전혀 아니다. 그 스토리는 바로 내담자가 그것이 그들이 자신의 생애 스토리의 다음 장을 어떻게 살아나갈 것인지를 안내하는 방향을 제공해 준다는 사실을 암묵적으로 알기 때문에 가장 좋아하는 스토리가 되는 것이다.[17]

W.W.는 그녀의 가장 좋아하는 스토리는 〈런닝 위드 씨저즈Running with Scissors〉[18]라고 말했다. 그녀는 다음과 같이 기술했다. "저의 스토리와 유사하지만 더욱 열악한 한 역기능적인 가족에 관한 진짜 스토리인데요. 아이들은 스스로를 부양해야만 했어요. 어머니는 정신적으로 문제가 있었고, 아이들을 방임했고 학대했죠. 아버지는 떠나버렸죠. 전 제가 아이 때 느꼈던 것처럼 방임되고 버려졌었던 아이들을 돕고 싶어요."

W.W.의 시나리오 문장 5: *만일 내가 나의 가장 좋아하는 스토리로부터 대본을 채택한다면, 나는 역기능적인 가족에 의해서 방임되고 버려졌던 아이들을 도울 것이다.*

---

17. 이 대목은 왜 내담자가 좋아하는 드라마, 영화, 만화, 특히 소설작품의 분석과 비평이 진로상담에서 중요한 자원으로 활용할 수 있는지를 지지해준다. 역자해설 1과 2 참조할 것.

18. 〈런닝 위드 씨저즈Running with Scissors〉는 미국에서 제작된 라이언 머피 감독의 2006년 코미디 드라마 영화이다. 십대 오거스틴은 알코올 의존증인 노먼, 감정 기복이 심한 디어드러라는 부모가 있다. 어느 날 디어드러는 오거스틴을 자신의 담당 정신과 의 핀치의 집에서 살게 한다. 이후 오거스틴은 괴짜들로 구성된 핀치가에서 힘겨운 적응기를 보낸다.

사례 하나. 아이비리그 대학을 3년 일찍 졸업한 한 젊은 남성은 마케팅 분야에서 성공적인 경력을 쌓았다. 그럼에도 불구하고 그는 서부로의 모험을 갈망했다. 그는 또한 다른 사람들을 돕고 싶어 했다. 그가 가장 좋아하는 스토리가 자신의 새로운 방향에 맞추기 위해 어떻게 변하는지를 주목해보라.

저는 최근에 한 가지 새로운 것 때문에 허둥대었죠. 전 이 영화를 여러 번 반복해서 관람했고, 이 책을 반복해서 읽었죠. 그리고 저는 최근에 그것을 봤고, 그것이 어느 정도 저를 길에서 벗어나게 만들어버렸죠. 그런데 왜 그런지 모르겠어요. 그 스토리는 〈인투 더 월드Into the Wild〉[19]라는 영화예요. 이 녀석은 한 명문 대학을 졸업한 후 직업을 얻었죠. 그는 2만 달러를 저축했고 그의 가족은 그가 차를 사기를 바랐죠. 그런데 그는 "아니요, 전 그런 어떤 것도 원하지 않아요."라고 말해요. 그는 모든 그의 돈을 자선단체에 기부해 버리고 대륙을 횡단하는 히치하이커가 됩니다. 그런 다음 알래스카에 갑니다. 그는 몸에 좋지 않은 채소를 너무 많이 먹는 바람에 몸에 독이 퍼지고 거기서 죽음에 이를 때까지 굶죠. 이 영화의 마지막 부분에서 그는 다음과 같은 인용을 글로 쓰죠. "행복은 공유된다." 저는 그 인용문을 정말로 믿어요. 제가 그것을 마지막으로 보았을 때, 전 생각했죠. 그는 이기적이고 화가 난 아이다. 왜 넌 그런 모든 것을 겪어야만 했고 너의 부모와 가족과 친구들에게 그렇게 큰 상처를 주며 그런 결론에 이르러야 했지? 전 그것이 필요하다고

---

19. 2007년 미국에서 제작된 숀 펜 주연의 영화다. 대학교를 갓 졸업한 크리스는 주위 사람들과의 연락은 물론 신용카드와 돈, 그리고 자신의 이름마저 모두 버리고 바꾼 채 여행길에 오른다. 그는 여행을 하며 다채로운 배경을 가진 이들을 만나고 자연 속에서 생활하며 정처 없이 표류한다.

생각하지는 않아요. 궤도에서 벗어나 이런 경험을 겪고 너의 공동체와 공유하지도 되돌려주지도 않는다는 것은 이기적인 일이야. 되돌려주는 것이 중요해요.

그의 시나리오 문장은 다음과 같이 읽혀진다. "만일 내가 나의 가장 좋아하는 스토리로부터 대본을 채택한다면, 나는 나의 가족에게 상처를 입히지 않으면서도 공동체 속 타인들을 돕는 모험을 할 거예요."

그는 치료적 개입을 위한 야생 탐험을 제공하는 한 회사에서 일할 수 있는 직업을 구했다. 그는 미래 언젠가는 자기 자신의 치료적인 야생 프로그램을 열 계획이다.

사례 둘. 한 대기업에서 오랫동안 대리로 일했던 28살의 한 여성은 학교로 되돌아가 새로운 전문 직업 전공을 하고 싶었지만, 부모는 그녀에게 안정된 직업을 그대로 유지하라고 말했다. 회사의 여성 보스는 그녀가 회사에 남아야 한다고 말했다. 왜냐하면 그녀는 두 가지 큰 임금인상이 따르는 승진 기회가 있기 때문이다. 그녀는 자신이 회사를 떠나야 하는지 남아야 하는지 물었다. 가장 좋아하는 스토리에 관해 질문을 받았을 때 그녀는 다음과 같이 응답했다.

〈탱글리드Tangled〉[20]라는 제목의 디즈니 영화인데요. [그림 형제의] 『라

---

20. 2011년 디즈니에서 만든 애니메이션 영화다. 탑 위에서만 생활하던 라푼젤은 어느 날 탑을 나가 매년 하늘에 떠오르는 등불을 보기 위해 탈출을 시도한다. 그리고 숲속에서 수배 중인 플린을 만나 매 순간의 위기를 벗어나고 라푼젤은 드디어 꿈에 그리던 등불 축제에 참여하게 된다.

푼젤』을 각색한 작품입니다. 주인공이 탑에 갇혔는데 그녀에게 자신이 엄마라고 주장하는 사람이 있지만 실제로는 마녀이며, 그녀를 계속해서 감금하려고 합니다. 왜냐하면 그녀의 머리는 마법의 힘을 갖기 때문이죠. 그리고 그녀가 하고 싶은 전부는 실제 세계로 나가 모험을 하며 세상이 어떤지 보고 싶은 것이에요. 왜냐하면 그녀는 성벽 바깥에서 결코 살 수 없었기 때문이죠. [마침내] 그녀는 자기−발견의 여행을 시작하게 되고 그녀가 자신의 엄마라고 생각했던 사람이 실제로는 나쁜 마녀라는 것을 발견하게 됩니다. 그녀는 한 왕가의 일원이었고 여러 해 동안 실종되었던 것이죠. 결국 그녀는 자신의 가족과 재결합하게 됩니다. 그녀의 마법의 머리카락이 잘릴 때 그것은 해방의 순간이 됩니다. 처음에 그녀는 머리를 자르는 것은 끔찍한 일이라고 생각했습니다. 그러나 그녀는 머리카락이 평생 사람들이 쫓는 것이었기 때문에 그것이 그녀를 평생 위험 속에 처하게 만들었다는 것을 깨닫게 됩니다.

그녀의 시나리오 문장은 다음과 같다: "만일 내가 나의 가장 좋아하는 영화로부터 대본을 채택한다면, 난 성을 떠나 다른 사람들을 도우며 나의 마법의 힘을 시험할 것이다."

그녀의 가장 좋아하는 스토리를 논의하면서 그녀에게 자신의 여성 보스가 마녀처럼 굴면서 자신을 회사에 가두려고 한다는 사실이 분명해졌다. 이런 통찰과 더불어 그녀는 웃음을 터뜨렸다. 그런 다음 그녀는 회사를 그만 둘 때, 만일 그녀가 '마법의 힘'을 잃게 될지 궁금해했다. 그녀는 용기를 내어 회사를 그만두고 간호 대학에 등록했다. 거기서 그녀는 자신의 마법의 힘으로 사람들을 치료할 수 있을 것이다.

사례 셋. 상담전공 한 남학생은 그가 박사과정을 해야 할지 의문을 가졌다. 그는 전업으로 일하했고 야간에 두 개의 석사학위 과정을 마쳤다. 일할 때 그는 [다른 사람들의] 요청에 거절하는 말을 하는데 어려움을 겪었고 그 결과 그는 본래 해야 했던 근무 시간보다 주당 10~15시간을 초과해서 일을 하게 되었다. 그의 약혼녀는 그녀가 그를 도대체 만나지를 못한다고 불만을 터뜨렸다.

제가 가장 좋아하는 책은 『반지의 제왕 Lord of the Rings』[21]입니다. 제가 가장 좋아하는 부분은 선구자인데요. 그것은 지구 중앙에서 세계 창조에 관한 것입니다. 그 소설은 재능을 부여받은 한 캐릭터를 중심으로 하는데 그는 요물에게 강탈당한 뭔가를 창조했고 책의 나머지는 도둑맞은 물건을 되찾으려는 주인공의 야망에 대해서 다룹니다. 자신의 강박을 뒤쫓는 과정에서 그는 친구들과 가족을 잃죠.

그의 시나리오 문장은 다음과 같다: "만일 내가 나의 가장 좋아하는 스토리로부터 대본을 채택한다면, 나는 나의 진로 야망과 가족과 친구를 위한 시간의 균형을 맞출 것이다."

자신의 야망 때문에 자신의 약혼과 결혼을 놓칠까봐 두려워 그는 대학원 조교 자리를 얻고 자신의 과중한 업무의 직업을 그만두었다. 그리고 단호하게 '아니요'라고 말하는 법을 연습했다.

---

21. 『반지의 제왕』은 판타지 문학의 아버지 톨킨의 판타지 장편 소설로서 『펠로우쉽 오브 링즈 The Fellowship of the Ring』, 『투 타워즈 The Two Towers 』, 『리턴 오브 더 킹 The Return of the King』의 3권으로 이루어졌다. 유럽의 설화를 바탕으로 펼쳐지는 환타지 소설로서 암흑 제왕 사우론과 요정왕들이 절대반지를 놓고 벌이는 흥미진진한 스토리가 펼쳐진다.

사례 넷. 45세의 중년의 남성은 자신이 꿈에 그리던 직업에 대해, 그리고 그가 그곳으로 자리를 옮길지에 대해서 논의하고 싶어 했다. 그는 좋아했지만 사랑하지는 않은 안전한 직업을 갖고 있었다.

〈특전 유보트Das Boots〉[22]는 제가 가장 좋아하는 책이며 영화입니다. 그건 제2차 세계 대전에 참전했던 잠수함에 관련된 것인데요. 그 잠수함은 온갖 어려움에 맞서는데, 내내 바다에 있고, 저는 기관장과 저를 동일시했습니다. 영화의 어느 대목에선가 그들은 거대한 폭탄을 맞게 되고 바다 밑바닥에 박혀 옴짝달싹 못 하게 됩니다. 잠수함 밖에서 물을 구해 와야 했고, 산소가 부족해지면서 그들은 오랫동안 아래에 머무를 수 없게 됩니다. 그들은 자신이 곧 죽을 것이라는 사실을 알게 되죠. 기관장은 모든 것이 준비되었다고 말하죠. 그들은 폭발의 힘으로 바다 표면 위로 나갈 수 있는 기회를 갖게 됩니다. 모든 사람은 다시 힘을 얻게 되고 이 대목에서 최고로 긴장감이 생기지만 일이 잘 되어 모두가 살아남게 됩니다.

그의 시나리오 문장은 다음과 같다: "만일 내가 가장 좋아하는 스토리로부터 대본을 채택한다면, 나는 새로운 직업에서 진정한 열정을 드러낼 수 있는 마지막 기회처럼 느껴지는 것을 잡을 것이다."

스토리에 대해 논의할 때, 그는 다음과 같이 말했다. "저의 현재 진로는 몇몇 얼간이들을 달래는 일입니다. 그것은 [저 자신을] 죽이는 일입니다. 정말 사실입니다. 전 바닥에 붙들렸어요. 전 저의 꿈을 추구할 마지막 기회입니다. 만일 제가 현재 제가 있는 곳에 머물러 있다면, 전 은퇴할 때까지 계속해서 숨 막힐 것 같아요. 전 도전을 원합니다."

---

22. 〈특전 유보트Das Boot〉는 1981년 제작된 독일의 전쟁 내러티브 영화이다.

■ ■ ■ **팁**

- 진입 질문이었던 "제가 어떻게 당신에게 유용할 수가 있을까요?"에에 대한 내담자의 응답과 관련해서 위치 스토리의 자리를 설정하라. 그 스토리는 아마도 내담자를 상담으로 오게 만든 질문에 대한 암묵적인 대답이다.

- 어떻게 대본이 메타포로서 기여하는 캐릭터나 대상[오브제][23]을 포함하는지 숙고하라. 예를 들어 한 내담자가 가장 좋아하는 스토리는 『오만과 편견』[24]이었다. 그녀는 콜린즈 씨와의 가능한 결혼을 안전과 안정성을 제공하는 것으로서 기술했다. 반면 다르시 씨와의 가능한 결혼은 흥분과 신비, 그리고 비순응을 제공한다. 상담자는 다음과 같이 말했다. "당신의 현재 진로 경로는 콜린즈라는 이름의 직업으로 안내합니다. 그럼에도 불구하고 당신은 다르시라는 이름의 직업을 갈망하고 계시는군요."[25]

---

23. 작품 속에서 메타포로서 기여할 수 있는 objects라는 것은 오브제objet를 말하는 것으로 보인다. 오브제란 원래는 사물·객체·물체 등을 의미했으나 다다나 초현실주의 등 전위예술운동에 의하여 특수한 의미가 주어졌다. 예술과 일견 무관해 보이는 것을 본래의 용도에서 분리, 우연적이고 심리적인 조합에 의하여 진열하면 거기에 연상작용, 잠재의식이 작용하여 몽환적인 그리고 기괴한 효과가 얻어진다. 표류물(漂流物)의 파편, 부서진 기계의 부분, 나아가서는 보통 기성품 등이 사용된다. 일상적인 타성화된 의식을 번복하는 심리적인 효과, 상징적인 가치를 갖는 것이 목표이다[위키피디아 참고].
24. 제인 오스틴Jane Austen의 1813년 작품이다.
25. 소설 속 캐릭터나 오브제가 내담자에게는 고민하고 있는 직업의 메타포로서 기여한다. 제임스 조이스의 『젊은 예술가의 초상』을 보면 주인공 이름 스티븐 디덜러스라는 영어 이름의 라틴어와 희랍어는 스테파노스 다이달로스이다. 이때 스테파노스는 주인공 스티븐의 생애 시련을 상징하며, 다이달로스는 스티븐의 미래 예술가, 작가로서 창

- 진로구성 상담자는 정체성을 한 가지 사회적 역할 속에서의 자기로서 정의 내린다. 내담자가 새로운 직업적 역할 속에서 자기를 연기하며 그에 따라 직업적 정체성을 수정하기 위해 대본을 사용하는 모습을 묘사하려고 노력하라.

- 모든 내담자가 직업이나 학문적 전공을 바꾸는 것은 아니다. 아마도 내담자는 그들의 현재 지위나 조직에 머무를 수 있다. 왜냐하면 상담을 통해 예전에는 어떤 방식으로는 도전을 받았었던 한 가지 의미의 세계가 재긍정 되었기 때문이다. 이런 내담자는 이제 의미를 더 잘 지각할 수 있고, 그들의 자존감을 지켜낼 수 있고, 담당한 역할을 그들의 지위와 조직 내에서 변화시킬 수 있다.

과업 6. 조언 적용하기

내담자가 가장 좋아하는 격언 속에서 제시된 조언이 어떻게 전환을 연결하는 내담자의 초기 행위를 지도하고 추진할 수 있는지 정확히 집어보자.

조성, 장인정신을 상징한다. 또한 이민진의 『백만장자를 위한 공짜 음식』에서 모자는 액면 그대로 읽으면 주인공 케이시 한이 선택하는 모자 디자이너와 연관되어 있지만 그 배후에는 작가로서 이민진이 읽어왔던 소설의 캐릭터들이며 또한 자신의 작품 속에서 창조해내고 싶은 캐릭터들을 상징한다.

여섯 번째 생애-초상 주제 문장을 완성하라 :
"내가 지금 바로 나 자신을 위해서 갖는
최선의 조언은 _____이다."

■ ■ ■ 근거

가장 좋아하는 격언은 경험을 실천적 지혜로 압축한다. 그것들은 내
담자의 주변 조건에 대한 유용한 지침을 제공하며, 대개 전환의 연결을
시작할 수 있는 전술적인 행위를 제안한다.

자기 자신에게 해줄 조언을 숙고하는 과정은 내담자 자신의 삶을 저
술하는 데서 내담자가 원작자임을 재강화 시켜준다. 그것은 자신감을
세워준다. 왜냐하면 그들은 그들의 질문에 대한 대답이 그들 내부에 있
지, 전문가로서 상담자에 의해 제공되는 것이 아니라는 사실을 깨닫게
되기 때문이다.

■ ■ ■ 평가

내담자의 그들 자신에 대한 조언은 대개 직접적인 의미를 만든다. 좀
처럼 그것은 윤곽만 그려진 생애 초상에 맞지 않는다. 그것은 다름 아
니라 내담자가 알지만 파악하지 못한 아주 중요한 어떤 것이다. 때때로
그것은 '알지만 생각할 수 없는'이라고 언급된다.

조언을 일종의 연극의 연출자에게서 나오는 것이라고 여겨보자. 연
출자는 내담자가 전환의 뒤를 이어 삶을 [실제로] 수행하는 법을 안내
한다. 이런 삶의 수행은 사적인 의미를 갖는 무대 뒤에서도 그리고 공

개적으로 상연을 하는 앞무대에서도 이루어진다(Neimeyer, 2012). 극장에서처럼, 연출자는 대본을 해석하고 내담자에게 역할을 해내기 위해 요구된 행위에 대해 소통한다. W.W.는 자신에게 다음과 같이 조언했다. "그것은 폭풍이 지나가길 기다리는 것이 아니라 빗속에서도 춤추는 법을 배우는 것에 관한 것이다." 이 말이 그녀에게 무엇을 의미했는지 질문을 받았을 때, 그녀는 그녀가 과거 속에 사는 것을 멈추고 자신이 타인들을 더 잘 도울 수 있도록 자기 자신의 삶과 잘 지내야 한다고 답했다.

W.W.의 생애-초상 문장 6: *내가 지금 당장 나 자신을 위해 갖는 최선의 조언은 폭풍이 지나가길 기다리지 말고 빗속에서도 춤추는 법을 배우길 시작하는 것이다.*

그녀의 초기 회상에서 그녀의 첫 번째 동사가 기다림이었다는 점을 주목하자. 자신에 대한 그녀의 조언은 기다리지 말라는 것이다.

내담자의 사례:

- 일이 그렇게 될지는 나에게 달려있다If it's going to be, it's up to me.
- 문이 닫히면 창문이 열린다When a door closes, a window opens.
- 신은 겁쟁이를 싫어한다God hates a coward.
- 너가 노력하는 것을 멈출 때까지는 패배자가 아니다[너가 노력하는 것을 멈출 때 비로소 패배자가 된다]You are not a loser until you stop trying.
- 위안이 아닌 용기를 선택하라Choose courage not comfort.

과업 7. 생애 초상 통합하기

생애–초상 문장들을 내담자의 진로를 연속성과 일관성을 갖고 묘사하는 하나의 말로 된 초상으로 조합해보자.

이런 전환기를 마주해서 나의 근본적인 염려는 _____다. 그것은 나에게 나의 _____의 감정을 상기시킨다[생애–초상 문장 1]. 성장 속에서 나의 문제를 해결하기 위해서 나는 _____ 그리고 _____가 되었다[생애–초상 문장 2]. 이런 속성은 나의 다음 번 지위에서 중요하다. 그런 속성은 _____을 _____으로 전환함으로써 나의 캐릭터를 형성했다[생애–초상 문장 3]. 이미 내가 이루어 놓은 자기가 주어졌다면, 나는 _____인 사람들과 어울리기를 좋아한다. 나는 _____이고 _____한 장소를 좋아한다. 나는 _____와 같은 문제를 해결하는 데서 _____와 같은 절차를 사용하는 것을 선호한다[생애–초상 문장 4]. 만일 내가 나의 가장 좋아하는 스토리로부터 대본을 채택한다면, 나는 _____일 것이다[생애–초상 문장 5]. 내가 지금 당장 나 자신을 위해 갖고 이는 최선의 조언은 _____이다[생애–초상 문장 6].

■ ■ ■ 근거

상담자는 생애 초상의 첫 번째 초안을 산출해낼 때, 그들이 과업 1에서부터 과업 6까지 써놓았던 [생애–초상] 문장들을 통합한다. [이렇게] 통합된 것은 재구성된 스토리를 묘사하며, 전환에 대한 한 가지 상위의 관점을 제공하며, 미래 가능성을 눈앞에 그려낸다.

■ ■ ■ 평가

생애 초상을 작성한 후에, 상담자가 해야 할 일은 그 묘사가 내담자가 상담을 찾았던 이유에 얼마나 잘 맞춰졌는지를 평가하는 것이다. 그 초상은 전환 내러티브에서 문제에 대해 대응하고 내담자가 다음 진로 시나리오에서 요청하는 것을 명료하게 하는 데서 이해할 수 있고 신뢰할 수 있는 것이어야 한다.

생애 초상의 첫 번째 초안을 재검토할 때, 상담자는 그것이 분명히 내담자를 다음 세 가지 방식에서 분명히 기술한다는 점을 보증해야 한다(Savickas, 2002).

- 캐릭터 역할을 하는 사회적 배우 (롤모델 질문)
- 목표를 맥락 속에서 추구하는 주도적인 행위자 (잡지/텔레비젼 쇼/웹사이트 질문)
- 수행에 대한 대본을 작성하는 자전적 작가 (가장 좋아하는 스토리 질문)

그런 다음 상담자는 저 초상을 편집하면서 영혼을 불어넣어주는[생기를 불어넣는] 주제와 내담자의 캐릭터 변곡선을 강조한다. 이런 요소는 내담자가 전체성에 대한 자신의 진전된 깨달음의 진가를 알고 미래를 위한 지향성을 형성하도록 돕는 데 중요하다.

■ ■ ■ 팁

- 여섯 가지 과업에 의해서 산출된 생애 초상 문장은 각자 한 가지 생각을 정교화하는 단락을 위한 주제 문장으로 사용되어도 된다. 단락은 주제를 좀 더 상세히 기술하며, 더욱 상세한 설명을 제공하거나

혹은 실질적인 사실과 사례를 제공해준다.

• 초상에 가치와 위엄을 불어넣음으로써 가능한 최선의 설명을 제공하라.

• 내담자의 생애가 스스로 말하도록 하라.

• 내담자가 새로운 전망을 열기 위해 사용된 메타포를 부각시켜라.

• 초상을 편집할 때, 그것을 내적으로 일관된 것으로 만들고, 철저히 같은 혹은 유사한 언어를 사용하라.

• 적절한 곳에서 부분들을 연결하기 위해 전환사를 추가하고 문장이 매끄럽게 흐르도록 만들어라.

Chapter 5

Counseling Process

상담 과정

첫 번째 회기 동안, 구성주의 상담자는 진로구성면담을 진행한다. 두 번째 회기 동안, 그들은 내담자에게 재구성된 진로 스토리 초안을 제출하고, 내러티브 상담에 참여함으로써 계획을 재구성한다. 상담자는 두 번째 회기를 내담자와 가벼운 담소를 나누며 시작할 수 있다. 간략한 워밍업에 이어, 상담자는 다음과 같이 묻는다. 우리가 지난번에 만난 이후에 내담자 분께 뭔가 좀 더 분명해진 것이 있습니까? 만일 내담자가 중요한 뭔가를 제공한다면, 상담자는 그것을 생애 초상에 집어넣는 것을 잊지 않는다. 다음으로 상담자는 내담자가 상담이 자신에게 어떻게 유용해질 수 있기를 말했었는지를 재기술한다. 이 지점에서 상담자는 생애 초상을 분명하고 산뜻하게 이야기하기 시작한다.

파트 1: 스토리를 다시 이야기하기

■ ■ ■ **목표**

내담자가 자신의 생애 초상을 듣고, 암묵적으로 알지만 자신에게 명백하지 않았던 것이나 타인들에게 공개하지 않았던 것을 성찰하게 하라.

■ ■ ■ **근거**

상담자는 생애 초상 속에서 플롯을 갖추어 내담자의 스토리를 다시 이야기해주며, 그 스토리에 논평을 덧붙임으로써 풍부하게 한다. 다시 잘 이야기해주면 내담자는 자신의 정체성과 관계성에 의도적으로 참여하도록 유도된다. 상담자가 생애 초상의 순서에 맞춘 플롯(관점, 자기-개념, 흥미, 대본, 조언)에 따라 매크로 내러티브를 다시 이야기함에 따라, 그들은 내담자의 경험과 이해의 경계(Buhler, 1935)를 향해 그 과정을 안내한다. 그들은 내담자가 자신의 스토리 속에서 일관성과 연속성을 인식하는 데 도움을 줌으로써 내담자의 행위 주체성의 감각을 고양시킨다. 상담자는 항상 내담자가 성취할 수 있는 가장 적응적인 행동을 강조한다.

상담자는 천천히 진행하면서 각 부분마다 휴식을 갖는다. 그들은 내담자가 성찰하고 자기탐색을 하면서 그 초상을 마음속에 간직하도록 격려한다. 상담자는 내담자가 그들의 스토리 속에 머물며 가능성을 눈앞에 그려볼 수 있기를 바란다. 상담자는 의미를 강요하는 것이 아니라 의미를 열어준다.

상담자는 내담자가 그들의 초상 속에서 자신을 알아차리며 자신이 누구인지에 대해 파악하고 있다는 구체적 증거를 찾는다. 말로 하는 동의의 표현은 좋지만 그러나 추상적이다. 상담자는 미소, 눈물, 얼굴 붉힘, 웃음과 같은 [내담자의] 불수의적이고 자동적인involuntary, spontaneous 반응을 포함해서 구체적인 신체적 인식의 표현에서 생애 초상이 갖는 유용성에 대한 인정을 찾는다.

■ ■ ■ **과정**

다시 이야기하는 내내, 상담자는 침묵을 사용함으로써 [내담자가] 숙고할 수 있도록 공간을 제공하고, 공감적 반응을 사용함으로써 [내담자가] 주의를 초점화하도록 해준다. 상담자는 계속해서 내담자가 과거 경험에 대한 회고적 성찰과 미래에 대한 전망적 성찰성reflectivity에 참여하도록 촉진한다. 성찰은 내담자가 자신에 관해 배우기 위해 활용하는 좀 더 수동적인 회고와 관련된다. 반면 성찰성은 어떤 방식으로 자신을 변화시키기 위해 활용하는 좀 더 능동적인 개념화와 관련된다(Savickas, 2016).

상담자는 첫 번째 회상으로부터 나온 관점에서 다시 이야기를 시작하여 대화를 위한 무대를 준비하고 맥락을 창출한다. 그들은 첫 번째 헤드라인을 읽고 삽화를 요약함으로써 내담자가 그 스토리를 다른 방식으로 생각하기를 시작하도록 돕는다. 상담자는 초기 회상이 미래를 위한 현재에 대한 기억이라는 것을 예리하게 알아차린다. 초기 회상은 내담자가 진로구성상담 동안 다룰 필요가 있는 쟁점을 기술한다.

내담자와 상담자가 함께 마음속에 자주 떠오르는 가정이나 자기-부정의 신념은 무엇이든 해체시킨다. 만일 초기 회상이 제약적이고 지배적인 담론을 포함한다면, 상담자는 그것들을 와해시키고 새로운 이해를 개발하는 것을 돕는다. 초기 회상 속에 있는 어려운 의미를 해체하는 일은 기존 감각을 깨뜨림으로써 내담자의 마음을 움직여 경험을 다르게 보고 기저에 있는 가정에 의문을 제기하고, 그들의 의미를 재고하도록 하기 위한 작업과 관련된다. 첫 번째 회상에 온전히 주목한 후에, 상담자는 차례대로 남은 두 가지 회상을 논의하고 해체시킨다. 자기 부정적 관념의 해체과정의 일부로서 상담자는 쟁점을 외재화함으로써 내담자의 행위 주체성의 감각을 증대시킨다(White & Epson, 1990).[1] 상담자는 내담자에게 자신이 문제가 아니라, 문제가 문제라는 점을 확신시킨다.

각각의 초기 회상에 대한 논의가 차례대로 끝난 후, 상담자는 가능하다면 세 가지 헤드라인을 차례대로 읽으면서 그 헤드라인이 어떻게 실제로 그 자체로 저절로 이야기를 전달하는지를 보여줌으로써 그것들을 통합한다. 종종 헤드라인의 순서는 쟁점, 강화, 해소의 세 가지 부분의 순서에 따라 (처음부터 세 번째까지 혹은 세 번째로부터 처음까지) 수동적 존재로부터 능동적 존재로의 이행으로 읽혀질 수 있다. 다시 이야기하기에서 이런 단계는 전형적으로 한 가지 관점을 설정하고 앞으로 진행되면서 추적될 한 가지 주제를 도입한다.

관점과 주제적 쟁점을 확인하면서 상담자는 내담자의 롤모델에 의해 묘사된 속성을 논의하는 데로 향한다. 이런 다시 이야기하기는 영웅이

---

1. 외재화란 스토리 치료의 창시자 마이클 화이트Michael White가 창안한 기법으로 내담자의 수치심과 죄책감을 덜어주기 위해 내담자의 문제가 되는 증상—생각, 행동 등—에 이름을 붙여 의인화하는 작업을 시작으로 여러 가지 독특한 대화기법을 사용하여 내담자가 자신과 문제와의 관계를 인식하게 만들고 그 밀착된 관계 사이를 벌려서 영향을 주고받는 상호관계에 대해 다시 생각해 볼 수 있는 기회를 제공한다.

나 주인공이 내담자에게 왜 그렇게 중요했는지, 그리고 내담자가 가장 칭송했던 바로 그 속성을 어떻게 자기 구성 속으로 구현했는지를 이해하는 데 도움을 준다. 이런 작업은 내담자에게 그들의 자기-개념과 능력을 상기시키는 이상의 의미가 있다. 목표는 내담자가 성장 과정에서 문제를 어떻게 해결하기 위해 이런 특성을 필요로 했으며, 그리고 왜 자기-구성에서 그것들을 구현했는지를 기술하는 것이다. 속성은 분명히 초기 회상과 연결된다. 예를 들어 만일 한 가지 초기 회상이 두려움으로 파문이 일어난다면, 롤모델은 용기를 갖고 반응한다. 만일 한 가지 초기 회상이 외로움을 묘사한다면, 롤모델은 사교성을 보여준다. 만일 한 가지 초기 회상이 혼란을 함축한다면, 롤모델은 질서를 부여한다. 이런 전도의 패턴은 캐릭터 변곡선의 본질이다. 요컨대 상담자는 내담자가 자신에게 필요했던 자기를 어떻게 구성해왔는지를 이해하도록 돕는다. 그들은 어린 아이였을 때 도와주었더라면 좋았을 [바로] 그런 사람이 되었다. 상담자는 내담자가 수동성에서 능동성으로 변형시켜온 방식을 부각시킨다. 결핍되었던 것이 이제 채워지고 있다.

자기-구성의 논의를 이어서, 상담자는 내담자의 주의를 그들의 직업적 흥미로 돌린다. 상담자는 한 가지 일의 내용과 지위에 대한 내담자의 독특한 끌림이 자기를 연기하기에 적합한 무대 위에 캐릭터로 자리 잡게 하기 위한 [내담자의] 시도라고 기술한다. 구성주의 상담자는 직업적 정체성을 하나의 연기로 본다(LaPointe, 2010). 정체성이란 역할 속에서 자기를 뜻한다는 것을 기억하라.

내담자의 독특한 흥미와 열망을 기술한 후에 상담자는 많은 내담자가 자신이 희망하는 직업을 찾았다는 것을 알게 된다. 여전히 확신을 갖지 못한 내담자를 위해, 상담자는 내담자의 명백한 흥미와 RIASEC

코드에 대한 평가에 기반을 둔 일련의 부합하는 직업목록을 작성하고 논의한다. 상담자는 내담자에게 그들이 많은 점에서 목록에 나오는 직업 분야에서 일하는 사람들과 닮았다는 것을 설명한다. 사람들이 자리를 만들고 직업을 형성하기 때문에, 내담자는 자신이 목록에 나온 직업의 요구조건, 관례 그리고 보상에 얼마나 잘 부합하는지를 탐색하고 싶어 할 것이다.

자기를 무대[사람, 장소, 일, 방식] 위에 자리 잡게 함으로써 그들의 캐릭터에게 무대를 마련하면, 내담자가 그런 직업 무대에서 실행하기 위한 시나리오의 윤곽을 그려볼 때다. 현재 내담자가 좋아하는 영화나 책의 스토리를 내담자를 주인공으로 하여 다시 들려준다. 상담자는 좋아하는 스토리를 기술할 때 정확한 말들로 되돌려 읽어주며 내담자의 느껴진 재인recognition의 신체적 표현을 지켜본다. 대본은 대개 내담자가 상담 장면으로 가져왔던 질문에 대한 대답을 포함한다. 내담자는 상담자가 그런 질문에 대답해 주기를 기대했는데, 이제 그들 자신이 그 대답을 내내 갖고 있었다는 사실을 알게 되어 기뻐할 뿐만 아니라 놀란다.

상담자는 내담자에게 그들이 가장 좋아하는 격언이 그들에게 새로운 장면에서 연기를 어떻게 시작해야 하는지에 대해 지침을 내려준다는 사실을 생생하게 설명해 준다. 상담자는 계속해서 대본 메타포를 사용해서 조언을 감독이 배우를 안내하는 것과 같은 것으로서 설명할 수 있다. 물론 이 순간 배우는 그들 자신을 감독 지도한다.

과정의 이 대목에서 상담자는 지금까지 무엇이 성취되었는지를 요약해줄 수 있다. 내담자와 상담자가 함께 내담자에 관한 다음 질문에 대답해왔다.

- 당신은 누구인가? (롤모델)
- 당신은 어디에서 일하고 싶은가? (잡지/TV/웹사이트)
- 당신은 거기서 무엇을 하고 싶은가? (시나리오)
- 당신은 왜 그것을 하기를 원하는가? (초기 회상)
- 당신은 어떻게 시작해야 하는가? (격언)

■ ■ ■ 팁

• 생애 초상을 수동적 고통이 능동적 숙달로 전환되는 방식으로 읽어라.

• 자기-개념과 직업적 정체성 사이의 평행성을 지적하라.

• 정서와 한숨, 침묵 그리고 통찰을 지켜보며 탐색하라.

파트 2: 행위 계획하기

이제 상담이 어떻게 내담자에게 유용할 수 있을까에 대한 진입 질문에 대한 내담자의 답변으로 되돌아갈 때다. 내담자와 상담자가 함께 생애 초상에 대한 논의를 통해 내담자가 처음에 상담으로부터 추구했던 것이 성취되었는지를 숙고한다.

상담자는 새로운 내러티브를 안정화하여 바뀐 스토리가 영속적인 것이 되도록 하기 위해 내담자 자신이 변화를 저술하고 그에 대해 원저자인 그들이 개념화할 뿐만 아니라, 낡은 스토리와 기대되는 새로운 스토리의 차이를 식별하도록 촉구한다. 변화의 과정을 개념화할 때, 내담자는 그들 자신이 변화 과정에서 배우이면서 또한 저자라는 사실을 깨달을 수 있다. 이 지점에서 내담자는 종종 한 가지 정서적 토대를 느낄 수 있게 되는데, 바로 이런 토대 위에서 그들은 그들의 계획을 실행하는 것을 예상할 수 있게 되며, 개인적 행위 주체성이 행위를 작동시킬 수 있게 된다.

■ ■ ■ 지향성

다음으로 상담자는 내담자의 마음을 움직여 그들의 새로운 지향을 명확하게 표현하게 한다. 내담자가 상담의 초반에 느꼈던 긴장은 그것에 쏟은 주의를 통해서 해소되었다. 내담자는 [자신이] 더 이상 길을 잃고 혼란스럽다고 느끼지 않는다. 왜냐하면 그들은 그들의 전환을 새로운 관점으로부터 보았고, 인지적 통찰을 얻었고, 그리고 정서적 알아차림을 증대시켰기 때문이다. 이런 발전은 내담자의 마음을 움직여 좀 더 분명하게 그들의 지향을 깨닫게 하며, 그에 따라 심지어 불확실한 상황에서도 약속할 수 있는 그들의 능력을 향상시켰다.

지향성을 촉진하는 일이 [바로] 진로구성상담의 목표다. 그래서 상담자는 잠시 멈추고 이런 성취를 인지하게 된다. 내담자의 지향성의 재강화의 일부로서, 상담자는 내담자에게 그들의 지향이 임시직의 세계에서 다시금 전환을 거쳐야 할 미래뿐만 아니라 현재 주변 조건 속에서도 중요하다는 사실을 전한다.

■ ■ ■ 계획하기

의도를 분명히 하고, 지향을 표명하고 나면, 내담자는 가능성과 제약을 관통해서 하나의 방향을 기록해주는 목표를 설정한다. 내담자와 상담자는 상담 기간에 발생한 예비적인 이해를 테스트할 수 있는 전략적 변화와 전술적 행위를 위한 계획을 공동 구성한다. 전환을 연결하려는 내담자의 계획은 대개 생애 초상을 논의한 후에는 완전히 분명해진다. 암묵적이었던 것이 명시적인 것이 된다. 내담자 자신은 무엇이 행해질 필요가 있는지를 알며, 상담은 그것을 실체화했다. 아주 종종 하나의 계획은 내담자가 자신 혹은 타인들이 설정한 앞선 경계를 넘어서는 것과 관련된다. 계획은 전형적으로 하나 혹은 그 이상의 다음과 같은 의도적인 행위를 포함한다: 지향의 확인, 선택의 탐색, 부모나 연인에게 자기의 표명, 학업 프로그램 혹은 직업적 지위에 지원하기, 직위 사직하기, 새로운 도시로 이사하기, 혹은 좀 더 시간을 두고 철저한 작업이 필요한 쟁점과 관련된 임상 상담에 등록하기. 희망을 불어넣기 위해서, 모든 계획은 필요한 경우 대안을 포함해야 한다.

■ ■ ■ 청중

거의 모든 행위 계획은 내담자가 자신이 재저술한 스토리를 중요한 청중에게 들려주는 것을 포함한다. 내담자는 타인들과 조화를 이루며 새로운 역할을 담당할 것이기 때문에, 그들은 가까운 관계의 동반자가 수정된 스토리를 얼마나 잘 수용할지를 배워야 한다. 내담자는 관련된 청중으로부터 정당성을 확보해야 하며, 새로운 역할의 연기를 위한 사회적 자원을 모아야 한다. 그와 같이 상담자는 내담자에게 자신의 새로운 스토리를 가족, 멘토, 그리고 가까운 친구에게 들려줌으로써 그것들을 안전한 기반 위에 기초 지을 수 있도록 격려해야 한다. 바라건대, 이런 청중이―특히 필수적인 타인―새로운 스토리를 지지해주길 희망하며, 그것의 수행에 용기를 불어넣고, 심지어는 내담자와 다소 수정된 관계를 맺을 수 있기를 희망한다. 진로구성상담에서 청중의 역할을 학습하기 위해서는 브리딕과 센소이-브리딕(Briddick과 Sensoy-Briddick, 2013)을 참조하라.

■ ■ ■ 스토리 능력

스토리 능력은 내러티브가 아니라, 내담자가 새로운 스토리를 청중에게 낭송할 수 있는 능력이다. 내담자의 스토리 능력을 증가시키는 것은 진로구성상담의 또 다른 목표다. 생애 의도를 명확히 표현할 수 있다는 것은 생애 만족과 강력하게 연관성을 갖는다(Bronk, Hill, Lapsley, Talib, & Finch, 2009). 내담자가 자신이 재저술한 스토리를 이야기할 수 있는 능력을 강화하기 위해서는, 상담자는 내담자로 하여금 연습을 하게 할 수도 있다. 자신의 스토리를 이야기한다는 것은 자기-중심적이어서는 안 된다. 그것은 청중을 알며, 이야기하기를 수행하는 것과 관련된다. 청중의 반응이 있을 것이고 아마도 심지어 놀라움이 있을 것이다. 극장에서처럼 수용적인 청중은 내러티브의 수행에 힘을 불어넣어준다. 만일 내담자와 상담자가 청중의 어떤 구성원으로부터 주저나 부정적 반응을 예상한다면, 그들은 반응을 준비해야 한다.

■ ■ ■ 행위

그러나 계획과 연습에 그치지 않고, 행위가 취해져야 한다. 내담자는 자신의 새로운 역할에 대한 오디션이 필요하다. 그들은 그들을 상담 장면으로 데려오게 만들었던 질문에 대한 대답을 하기 위해서는 자신의 스토리를 살아내야 하며 그것들을 수행해야만 한다. 새로운 스토리의 의미는 그것이 실제 세계 속에서 실행될 때 [비로소] 존재하게 된다. 재저술된 정체성 스토리는 그것들의 수행 속에서 변형적인 것이 된다. 오로지 행위를 통해서만 내담자는 참으로 스스로의 힘으로 '나에겐 무엇이 맞을까? 난 무엇을 하고 싶은 걸까? 나는 무엇을 할 수 있을까?'와 같은 질문에 답하게 될 것이다.

■ ■ ■ 팁

격려: 공식화된 잠정적 계획을 가지고 상담자는 낙관주의를 재강화하며, 행위를 동원하는 쪽으로 그들의 주의를 돌린다. 비록 내담자가 그들이 무엇을 할 필요가 있는지 알더라도 종종 교차로[갈림길] 앞에서는 용기가 필요하다. 따라서 내담자는 사회적 세계라는 무대 위에서 성공적인 수행을 위해 최대한 애를 써야 한다. 상담자는 공감적 반응으로부터 격려로 이행함으로써 [내담자가] 애를 쓰도록 조장해야 한다. 공감은 내담자의 관점에서 상담자 반응을 함축한다. 공감적 반응에서 상담자는 다음과 같이 말할 수 있다. "당신은 _____때문에, _____를 느끼고 계시는군요." 격려는 상담자의 관점으로부터 반응을 함축한다. 격려하는 진술은 다음과 같을 수 있다. 저는 당신이 그것을 할 수 있을 거라고 믿습니다. 격려는 생애 초상을 다시 이야기하기를 끝낸 후

에는 점차 중요해진다. 격려하며 반응하는 법을 배울 수 있는 것과 관련해서 내가 가장 좋아하는 책은 드라이커스와 딩크마이어(Dreikurs & Dinkmeyer, 2000)가 쓴 『아이들에게 학습하도록 동기부여하기Encouraging Children to Learn』이다.

정보 탐색: 만일 계획이 더 진전된 탐색과 관련된다면, 상담자는 내담자에게 일반적인 정보-탐색 행동을 가르쳐 준다: 관찰하기, 방문하기, 듣기, 말하기, 쓰기, 읽기 그리고 구글 검색하기. 일부 상담자는 이와 같은 단어가 왼쪽 칼럼에 인쇄된 유인물[핸드아웃]을 사용한다. 내담자와 상담자가 함께 브레인스토밍을 통해 구체적인 행위의 목록을 만들고, 내담자는 일곱 가지 범주의 합리적인 만큼의 행위를 기꺼이 받아들일 것이다. 내담자가 탐색으로부터 학습한 것은 무엇이고, 이익과 불이익의 조건에서 그것이 그들에게 의미하는 것이 무엇인지 적어야 한다.

현실주의: 상담자는 내담자가 주도적 행위를 하도록 격려하며 그들이 원하는 삶을 쫓도록 한다. 상담자는 내담자의 행위 주체성을 고양시킬 때 주변 사정의 의미를 변화시키며 가능성과 진보의 감각을 제공하는 언어나 관점을 사용한다. 그러나 내담자의 자유롭게 선택하는 능력을 정의내리고 제한하는 한계가 있다. 각 사람은 그들의 삶에서 선택되지 않은 조건에 맞서 싸운다. 규범적 경계와 사회적 제약이 있으며 이것들은 둘 다 내담자를 [시간적으로] 선행하며, [힘에서도] 우세하다. 대개 내담자가 할 수 있는 최선은 꼭 필요한 게 없더라도 이용 가능한 자원과 사회적 지지를 가지고 삶을 꾸려나가는 것이다. 분명히 그들은 자기에 전념할 수 있으며 자기와 타인을 위한 최선의 가능한 해결책을 선택할 수 있다. 때때로 아니 어쩌면 항상 선택은 전진을 위해서지 완벽을 위한 것은 아니다. 상담자는 사회적 정의에 전념하면서 내담자가 자신

과 타인을 위해 가능한 최선의 선택과 가장 살아남을 수 있는 생애 기획을 성취하기 위해 규범적 경계와 사회적 제약에 맞서 저항할 수 있는 의지를 그들에게 불어넣는다.

두 번째 회기 마감하기

두 번째 회기를 완수하기 위해서, 상담자는 상담이 어떻게 유용할 수 있을까라는 진입 질문에 대한 내담자의 답변을 크게 읽고 내담자에게 이와 같이 묻는다. 우리는 그것을 해내었나요? '예'라는 대답이 나오면 회기는 완수되고 상담자는 내담자가 한 달 후에 되돌아와서 계획 실행에 대한 결과를 보고하도록 약속을 정한다.

W.W.는 상담이 어떻게 유용할 수 있을까라는 진입 질문에 대해 원래 다음과 같이 대답했다.

저는 일터로 돌아갈 준비가 되었습니다. 다만 전 지금 당장 약간의 방향 지도가 필요합니다. 전 경로를 찾지 못해 어디로 가야 할지 몰라 걱정이 많고 불안이 큽니다. 전 4학년 교사의 방식에 더 이상 전혀 맞지 않습니다. 제가 고등학교의 3학년생이었을 때, 저는 심리학과에 가고 싶었습니다. 전 제 고등학교 심리학 선생님이 말했던 모든 것과 연결되었습니다. 전 어느 정도 애착을 가졌었죠. 저는 정말로 그녀가 말한 것에 연결되었죠. 전 관계에 대해 이야기하는 것을 사랑했습니다. 전 대학에 들어

가서 심리학을 전공했었습니다. 그러나 첫 일 년 동안 전 공황발작을 겪었습니다. 왜냐하면 전 혼자였기 때문이죠. 전 집에서 엄청나게 많은 친구들이 있었어요. 그런데 대학에서는 친구가 전혀 없었어요. 전 제가 실수했다는 것을 알게 되었고 그래서 집으로 돌아왔죠. 전 대학에서 첫 일 년을 망쳤기 때문에, 제 전공을 심리학에서 교육학으로 바꿨습니다. 저는 졸업했고 교사로서 직업을 얻게 되었습니다. 제가 아들을 갖게 될 때까지 말이죠. 제 아들이 이제 1학년에 입학하면서 전 직장으로 되돌아가고 싶습니다. 전 그저 궁금합니다. 제가 가르치는 일보다 나에게 더 나은 뭔가가 있는지 말이죠. 전 가르치는 일 이상을 하고 싶습니다. 저는 생애 나머지를 행복할 수 있는 뭔가를 찾기 위해 투쟁 중입니다. 전 혼란스럽습니다. 전 학교 상담을 공부하기 위해 대학원에 가려고 생각중입니다. 그러나 제가 대학원을 잘 다닐 수 있을지 의문입니다. 제가 저에게 요구되는 것을 해낼 수 있을까요? 그것이 바로 제가 당신을 찾아온 까닭입니다. 때때로 전 학교 상담이 바로 제가 나아갈 길이라고 생각합니다. 그러나 아마도 교사로 되돌아가야 할 것 같습니다.

그녀의 대답을 비계설정 질문과 연결시키는 생애 초상은 다음과 같다.

이런 전환에 직면에서 나의 기저에 있는 염려는 내가 홀로 있고 버려지는 것을 두려워한다는 것을 생각나게 해주었다. 나는 그릇된 선택을 하고 덫에 빠져 더 나은 것을 [마냥] 기다리고 싶지는 않다. 그것은 나에게 고립되고 당황스러운 느낌을 생각나게 한다. 성장하면서 문제를 해결하기 위해, 나는 버려졌다는 느낌에서 나와 세상 속에 나 혼자라는 느낌을 갖는 사람들을 돕는 데 항상 쓸모가 있는 존재로 전환했다. 나는 강하고, 배려하고, 도움을 주는 사람이다. 나는 항상 죄가 없는 사람들을 보호하지만 비폭력적인 방식으로 보호한다. 이런 속성은 나의 다음 지위에서 중요하다. 나는 이제 내가 교육적, 직업적 추구 속에서 롤모델으로부터 학습한 속성을 사용할 수 있다. 나는 팀으로 일하는 사람들과 함께 학교나 병원과 같은 장소에서 일하는 것에 흥미가 있다. 그런 장소에서 사람들은 따돌림받은 사람들이 자신의 문제를 해결하고 역경을 극복하는 데 도움을 주기 위해 상담이나 의학과 같은 절차를 사용한다. 나는 부적응자와 외부자에게 스프라이트처럼 신선한 자극a Sprite[2]을 선사하고 싶다. 만일 내가 가장 좋아하는 스토리로부터 플롯을 채택한다면, 나는 역기능적인 가족에 의해 방임되고 버려진 아이들을 도와줄 것이다. 특히 나는 심리학자로서, 사회 사업가로서 그리고 상담자로서 일하는 것을 즐길 수 있다. 내가 지금 바로 나 자신을 위해 갖는 최선의 조언은 폭풍이 지나가기를 기다리는 것을 중단하고, 빗속에서 춤추는 법을 배우는 것을 시작하는 것이다. 그래서 난 아이들도 똑같이 하도록 도울 수 있기를 바란다.

그녀가 학교 상담이 아니고 심리학을 공부하기 위해 대학원에 다니고 싶어 한다는 점이 분명해졌다.

나는 길을 잃은 사람들을 돕고 싶다. 나는 친구가 많지 않고 가족이 없는 사람들과 함께 일하고 싶다. 그러나 나는 집 없는 사람들, 혹은 매 맞는 여성과 함께 일하고 싶지는 않다. 왜냐하면 나는 너무 정서적이기 때문이다. 그렇지만 나는 신체적으로 그리고 정신적으로 강하다. 나는 팀의 일원으로서 일하고 싶다.

---

2. 스프라이트는 본래 요정, 도깨비를 의미하지만 또한 미국의 유명한 탄산음료로 무색의 카페인이 없는 레몬과 라임의 맛을 갖는 소프트 드링크 이름이기도 하다.

내가 무엇이 그녀로 하여금 대학원 진학을 결정하는 것을 막는지를 물었을 때, 그녀는 다음과 같이 말했다.

저는 좋은 엄마이고 싶어요. 저는 버려지는 것을 두려워합니다. 만일 제가 아들과 놀아주지 못한다면, 아들이 버려졌다고 느끼지 않을까 걱정입니다.

쟁점은 처음에는 그녀의 전환 내러티브 속에서 나타났었다. 그녀는 자신이 대학원이 요구하는 것을 해낼 수 있을지 의문이라고 말했었다. 내담자는 학업의 지적 작업에 의해 겁먹지는 않았지만, 아들과 너무 오랫동안 떨어져 있는 것에 대한 두려움이 뇌리에서 떠나지 않았다. 그녀는 이제 상담자와 자기 자신에게 관건은 진로 경로를 고르는 것이라는 점을 설명했다. 홀로 아이를 키우는 엄마로서 그녀는 아들을 포기하고 싶지 않았다. 그리고 바로 마찬가지로 중요한 것은 그녀가 자신이 너무 많은 시간을 대학원에서 요구되는 활동에 보내는 바람에 아들이 자신을 포기하는 것을 원치 않는 점이다.

그녀는 정서가 최고조가 된 채로 자신의 선택을 솔직하게 논의했다. 그녀는 임상 심리학에서 박사과정을 꿈꿨지만, 그 과정이 아들과 떨어진 채 너무 많은 시간이 걸린다고 믿었다. 얼마간의 논의와 정보 수집 후에 그녀는 빠르게 그리고 자신감을 갖고 학교 심리학 M.A.를 해나가기로 결정했다. 그녀는 이 과정이 임상 심리학에서 박사과정보다 해야 할 과업이 더 적고 더 빠르다는 것을 지각했다. 더욱이 학교 심리학 M.A.는 그녀의 교사 경험을 기반으로 이루어질 것이다. 게다가 그것은 학교 심리학에서 박사과정을 나중에 해볼 수 있는 기회를 그녀에게 열어 놓을 것이다. 우리는 어떻게 그녀의 새로운 스토리를 어린 아들에게 들려주고, 전남편과 부모, 친구들의 도움을 요청할지를 논의했다.

대학원 재학 동안 그녀는 아들을 위한 질적 시간[3]과 과제 수행 사이의 균형을 맞출 수 있었다. 졸업 후 그녀는 소아과 병원에서 학교 심리학자로서 일하면서 그녀는 학교 시스템에 맞춰 장기 입원 환자의 과제를 수행하고 또래와 친구들과 관계를 유지하도록 도왔다. 마침내 그녀는 병원의 정신의학과에서 아동 심리학자이자 가족 치료사가 되려는 임무를 바꾸었다. 결국 그녀는 성공적으로 그녀가 수동적으로 겪었었던 것을 그녀 자신이 한때 필요했던 방식으로 아이들을 도와줌으로써 지배하게 되었다.

■ ■ ■ 작별Goodbye

구성주의 상담자는 내담자가 떠날 준비가 되었을 때, 그들이 가장 좋아하는 격언을 그들에게 반복해서 말해주며 작별한다. 그들은 수행된 작업에 대한 찬사와 감사로 마무리하는 경우가 거의 없다. 차라리 상담자는 머뭇거리지 않고 나아가며, 격언을 반복하면서 내담자 자신의 지혜에 영예를 돌린다. W.W.에게 나는 이렇게 말했다. "대학원에 진학해서 아이들이 빗속에서도 춤추도록 돕는 방법을 배우려면 기다리는 것[주저하는 것]을 멈춰야 할 때입니다."

내담자가 상담실을 떠난 후 그들은 뭔가 일어나게 만들어야 한다. 우리는 행위를 하고 무엇이 벌어졌는지를 보게 되면서 세상을 알아가게

---

3. 애착이론에 따르면 양육자에 대한 유아의 애착형성에서 중요한 것은 양육 시간이 아니라 양육의 질이다.

된다. 주도적 행위는 개인들이 자신을 위한 의미를 구성하는 방식으로서 수행하는 행동으로 이루어졌다. 의미를 만드는 것 외에도 주도적 행위는 종종 기회를 창출하고 자기-권한부여를 정당화시킨다.

세 번째 회기

많은 내담자는 세 번째 회기가 필요 없다. 그들은 상담자에게 이메일이나 전화로 상황이 잘 진행되는 중이라는 사실을 알려준다. 실제로 약속을 지키는 내담자는 대개 그들의 발견을 보고하고, 안심시키는 말을 듣고, 다음 단계 혹은 두 번째 회기에 대해 논의한다. 가끔 어떤 내담자가 취해진 행위가 열리기를 바랐던 문이 닫혔다고 보고한다. 그렇다면 대안이 제시된다. 내담자와 상담자는 대안을 논의하고 새로운 행위 계획을 공들여 만든다. 이런 일은 아주 자주 일어나지는 않지만, 상담자는 그런 일이 벌어질 때 놀라지 말아야 한다. 왜냐하면 세상은 항상 내담자와 협력하는 것은 아니기 때문이다.

과정과 성과 평가하기

상담자는 그들의 지식을 증진시키고 그들의 실무를 개선하기 위해 상담의 과정과 성과를 모두 평가한다. 진로구성상담 성과를 평가하기 위해 방향을 맞춘 핵심 질문은 내담자 목표를 성취하는 데 개입의 효과성과 관련된다(Gibson & Cartwright, 2014). 나는 두 번째 회기 후에 the Session Rating Scale(Shaw & Murray, 2014)를 평정함으로써 내담자의 목표 획득과 만족을 평가한다. 내러티브 성과를 평가하기 위해서는, 나는 the Future Career Autobiography(Rehfuss, 2009)를 사용한다. 상담의 성과로서 내담자 성찰을 측정하기 위해서는 나는 the Career Exploration Survey(Stumpf, Colarelli, & Hartmann, 1983)에 있는 the Self-Exploration Scale을 사용한다. 과정을 평가하기 위해서, 나는 the Innovative Moments Coding System(Cardosom Silva, Gocalves, & Duarte, 2014a, 2014b)을 사용한다. 과정과 성과를 평가하기 위한 이런 방법은 모두 함께 나의 연속적인 전문성 발달을 위한 중요한 피드백을 제공한다.

후기

진로구성상담은 상담자에게 일련의 내러티브 방법을 제공함으로써 그들의 실무를 한 단계 높여준다. 전문가는 진로구성과 관련된 이런 기법과 지식을 사용하면서 경험과 더불어 발전하게 된다. 상담자는 각 회기별로 이런 기법을 사용하면서 그들의 기술을 개선시킨다. 그리고 최종지점이란 없다. 수십 년간 진로구성상담을 해왔지만, 나는 아직 내담자로부터 새로운 뭔가를 배우며, 여러분도 마찬가지일 것이다. 결국 내담자가 우리의 최고의 스승이다.

만일 여러분이 진로구성상담에 대해 더 배우고 싶다면, 여러분은 내담자와 함께 실무를 하면서 www.Vocopher.com에서 얻을 수 있는 두 가지 자원을 사용할 수 있다:『나의 진로 스토리My Career Story』(Savickas & Hartung, 2012) 그리고『진로구성면담 형식Career Construction Interview Form』(Savickas, 2013), 내러티브 개입으로서 진로구성에 대한 한 단계 높은 연구를 위해서는 실무자는 진로 변화의 구성에서 혁신적 순간을 설명한 논문(Cardosa, 사비카스, & Gonçalves, 2019)을 참조할 수 있다.

미국 심리학회APA는 진로구성을 위한 상담에 대한 책(Savickas, 2019)과 개입에 대한 생생한 예시를 보여주는 두 개의 DVD를 출판했다. 첫 번째 DVD는 단회기로 완료된 진로구성상담을 보여준다(Savickas, 2006). 두 번째 DVD(Savickas, 2009)는 라이언과 마이클의 사례 각각에 대해 3회기를 보여준다. 이 사례들은 카르도, 실바, 공칼브스, 듀라트(Cardos, Silva, Gonçalves, & Duarte, 2014a, b)에 의해서 협력이 어떻게 치료적인 것이 되는지에 대한 예시를 보여주기 위해 치료 협력 코딩 시스템을 사용해서 각각 독립적으로 분석되었다.

추가적인 독서는 다음 책과 논문을 포함한다.

Busacca, L.A., & Rehfuss, M.C. (Eds.) (2016). Postmodern career counseling: *A handbook of culture, context, and cases*. Hoboken, NJ: Wiley.

DiFabio, A. & Maree, J. G. (2013). *Psychology of career counseling: New challenges for a new era*. New York: Nova Science Publishers.

Hartung, P.J. (2013). Career as story: Making the narrative turn. In W.B.Walsh & M.L.Savickas, & P.J. Hartung(Eds.) *Handbook of vocational psychology* (4th ed.) Mahwah, N.J.:Lawrence Erlbaum Associates.

Hartung, P.J. & Santilli, S.(2017). My Career Story: Description and initial validity evidence. *Journal of Career Assessment*, 26, 1-14.

Hartung, P. J. & Vess, L. (2019). Career construction for life design: Practice and theory. In N. Arthur & M. McMahon (Eds.). Contemporary theories of career development: *International perspectives* (pp. 91−104). New York: Routledge.

Nota, L. & Rossier, J. (Eds.) (2015). *Handbook of life designing*. Gottingen, Germany: Hogrefe

Obi, O. P.(2015). Constructionist career counseling of undergraduate students: An experimental evaluation. *Journal of Vocational Behavior*, 88, 215−219.

Savickas, M. L. (2015). Career counseling paradigms: Guiding, developing, and designing. In P. Hartung, M. Savicaks, W. Walsh (Eds.) *APA handbook of career intervention* (Vol. 1: Foundation, pp. 129−143). Washington, DC: APA Books.

Savickas, M. L. (2020). Career construction theory and practice. In R.W. Lent & S. D. Brown (Eds.). *Career development and counseling: Putting theory and research to work* (3rd ed.). Hoboken, New Jersey:John Wiley & Sons.

Savickas, M. L. & Guichard, J. (Eds.)(2016). Special issue: Reflexivity in life designing interventions. *Journal of Vocational Behavior*, 97, 1−88.

참고 문헌

Angus, L.E. & Greenberg, L.S. (2011). *Working with narrative in emotion-focused therapy: Changing stories, healing lives*. Washington, DC: American Psychological Association.

Arnold, M. B. (1962). *Story sequence analysis: A new method of measuring motivation and predicting achievement*. New York: Columbia University Press.

Bollas, C. (1987). *The shadow of the objectL Psychoanalysis of unthought known*. New York: Columbia University Press.

Bordin, E. S. (1979). the generalizability of the psychoanalytic concept of the working alliance. *Psychotherapy: Theory, Research & Practice*, 16, 252–260.

Briddick, W. C. & Sensoy–Briddick, H. (2013). The role of audience in life design. In A. DiFabio & J. G. Maree (Eds.). *Psychology of career counseling: New challenges for a new era* (pp.69–81). New York: Nova.

Bronk, K. C., Hill, P. L., Lapsley, D. K., Talib, T. L., & Finch, H. (2009). Purpose, hope, and life satisfaction in three age groups. *Journal of Positive Psychology*, 4, 500–510.

Buhler, C. (1935). *From birth to maturity: An outline of the psychological development of the child*. London: Kegan, Paul, Trench, Tubner.

Cardoso, P., Savickas, M. L,, & Gonçalves, M. M. (2019). Innovative moments in career construction counseling: Proposal for an integrative model. *Career Development Quarterly*, 67-3, 188-204.

Cardoso, P., Silva, J. R., Gonçalves, M. M., & Duarte, M. E. (2004a). Innovative moments and change in Career Construction Counseling. *Journal of Vocational Behavior*, 84, 11-20.

Cardoso, P., Silva, J. R., Gonçalves, M. M., & Duarte, M. E. (2004b). Narrative innovation in life design counseling: The case of Ryan. *Journal of Vocational Behavior*, 85, 276-286.

Carkhuff, R. R. (1969). *Helping and human relations: A primer for lay and professional helpers*. New York: Holt, Rinehart and Winston.

Clark, A. (2002). *Early recollections: Thory and practice in counseling and psychotherapy*. New York: Routledge.

Davis, B. & Harre, R. (1990). Positioning: Conversation and the production of selves. *Journal for the Theory of Social Behavior*, 20, 43-63.

Dreikurs, R. & Dinkmeyer, D. (2000). *Encouraging children to learn*. New York: Routlege.

Erikson, E. (1968). *Identity: Youth and crisis*. New York: Norton.

Foster, E. M. (1985). *Aspects of the novel*. New York: Mariner Books (orginal work published 1927).

Gibson, K. & Cartwrighter, C. (2014). Young clients' narratives of the purpose and outcome of counseling. *British Journal of Guidance and Counseling*, 42, 511–524.

Holland, J. L. (1997). *Making vocational choices: A theory of vocational personalities and work environments*. Lutz, FL: Psychological Assessment Resources.

Kashdam, T. B., Barret, I. F., & McKnight, P. E. (2015). Unpacking emotion differentiation: Transforming unpleasant experience by perceiving distinctions in negativity. *Current Directions in Psychological Science*, 24, 10–16.

Kelly, G. A. (1955). *The psychology of personal constructs*. New York: Norton.

Kolb, D. A. (1984). *Experiential learning: Experience as the source of learning and development* (Vol. 1). Englewood Cliffs, NJ: Prentice–Hall.

LaPointe, K. (2010). Narrating career, positioning identity: Career identity as a narrative practice. *Journal of Vocational Behavior*,

77, 1-9.

Leitner, L. M. & Faidley, A. J. (2003). *Emotion and the creation of meaning: An experiential constructivist approach*. Paper presented at the American Psycological Association Convention. Toronto, Canada.

Leising, D., Scharloth, J., Lohse, O., & Wood, D. (2014). What types of terms do people use when describing an individaul's personality? *Psychological Science 25*, 1787-1794.

Madigan, S. (2011). *Narrative therapy*. Washington, DC: American Psychological Association.

Madill, A., Sermpezis, C., & Barkham, M. (2005). Interactional positioning and narrative self-construction in the first session of psychodynamic-interpersonal psychotherapy. *Psychotherapy Research*, 15, 420-432.

Matlis, S. & Christianson, M. (2014). Sense-making in organizations: Taking stock and moving forward. *Academy of Management Annals*, 8, 57-125.

Mayman, M. & Faris, M. (1960). Early memories as an expression of relationship patterns. *American Journal of Orthopsychiatry*, 30, 507-520.

Mosak, H. H. (1958). Early recollections as a projective technique. *Journal of Projective Techniques*, 22, 302-311.

Neimeyer, R. A. (2012). From stage followers to stage manager: Contemporary directions in bereavement care. In K. J. Doka & A. S. Tucci (Eds.). *Beyond Kübler Ross: New perspectives on death, dying and grief* (pp. 129–150). Washington, DC: Hospice Foundation of America.

Rehfuss, M. (2009). The Future Career Autobiography: A narrative measure of career intervention effectiveness. *Career Development Quarterly*, 58, 82–90.

Renine, D. L. (2012). Qualitative research as methodological hermeneutics. *Psychological Methods*, 17, 385–398.

Savickas, M. L. (2006). *Career counseling*. (Treatments for Specific Populations Video Series). Washington, DC: American Psychological Association.

Savickas, M. L. (2009). *Career counseling over time*. (Psychotherapy in Six Sessions Video Series). Washington, DC: American Psychological Association.

Savicaks, M. L. (2011). *Career counseling*. Washington, DC: American Psychological Association.

Savicaks, M. L. (2012). Life design: A paradigm for career intervention in the 21st century. *Journal of Counseling and Development*, 90, 13–19.

Savicaks, M. L. (2013). *Career Construction Interview*. www.

Vocopher.com.

Savicaks, M. L. (2014). Work values: A career construction elaboration. In M. Pope, L. Flores, & P. Rottinghaus (Eds.). Values in vocational psychology (pp.3−19). Charlotte, NC: Information Age Publshing.

Savickas, M. L. (2015a). Career counseling paradigms: Guiding, developing, and designing. In P. Hartung, M. Savicaks, W. Walsh (Eds.) *APA handbook of career intervention* (Vol. 1: Foundation, pp. 129−143). Washington, DC: APA Books.

Savicaks, M. L. (2105b). Designing projects for career construction. In R. A. Young, J. F. Domene, & L. Valach (Eds.), *Counseling and action: Toward life-enhancing work, relationships, and identity* (pp.13−31). New York: Springer Science+Business Media.

Savicaks, M. L. (2016). Reflection and reflectivity during life−design intervention: Comments onj Career Construction Counseling. *Journal of Vocational Behavior*, 97, 84−89.

Savicaks, M. L. (2019). *Career counseling* (2nd ed.). Washington DC: American Psychological Association Press.

Savickas, M. L. (2020). Career construction theory and practice. In R.W. Lent & S. D. Brown (Eds.). *Career development and counseling: Putting theory and research to work* (3rd ed.). Hoboken, New Jersey:John Wiley & Sons.

Savicaks, M. L. & Hartung P. J. (2012). *My Career Story*. www. Vocopher.com.

Savicaks, M. L. & Nota, L., Rossier, J., Dauwalder, J. P., Durarte, M. E., Guichard, J., Soresi, S., Van Esbroeck, R., & van Vianen, A. E. M. (2009). Life designing: A paradigm for career constructionj in the 20st century. *Journal of Vocational Behavior*, 75, 239–250.

Shaw, S. L, & Murray, K. W. (2014). Monitoring alliance and outcome with client feedback measures. *Journal of Mental Health Counseling*, 36, 43–57.

Stern D. N. (2004). *The present moment in psychotherapy and everyday life*. New York: Norton.

Stiles, W. B., Leiman, M., Shapiro, D. A., Hardy, G. E., Barkham, M., Detert, N. B., & Lleweln, S. P. (2006). What does the first exchange tell? Dialogical sequence analysis and assimilation in very brief therapy. *Psychotherapy Research*, 16, 408–421.

Stumpf, S. A. Colarelli, S. M. & Hartmann, K. (1983). Development of the Career Exploration Survey (CES). *Journal of Vocational Behavior*, 22, 191–226.

Taveira, M. C. Ribeiro, E., Cardoso, P., & Silva, F. (2017). The therapeutic collaboration in life design counseling: The case of Ryan. *South African Journal of Education*, 37, 1–12.

Watson, J. C. & Rennie, D. L. (1994). Qualitative analysis of clients' subjective experience of significant moments during the exploration of problematic reactions. *Journal of Counseling Psychology*, 41, 500-509.

Weick, K. (1995). *Sense-making in organizations*. Thousand Oaks, CA: Sage.

White, M. & Epson, D. (1990). *Narrative means to therapeutic ends*. New York: Norton.

Winnicott, D. (1969). the use of an object. *International Journal of Psycho-analysis*. 50, 711-716.

역자해설

문학작품 속
내러티브 정체성 구성

사비카스의 『구성주의 진로상담 매뉴얼 – A to Z』은 진로상담에 요구
되는 상담원리, 기법을 간결하면서도 명확하게 제시한다. 그런데 역자
의 판단으로는 진로구성상담은 기본적으로 말하기와 듣기를 기반으로
하는 대화 치료talking cure를 넘어 읽기와 쓰기를 포함한 다면적인 대화
치료이다. 따라서 진로구성상담이 본질적으로 내러티브 상담이라는
점에서 상담자와 내담자 모두에게 문학적 상상력이 요구된다. 즉 삶을
여러 마이크로 스토리들로 결합된 메크로 스토리로 내레이션할 수 있
기 위해서는 문학작품이나 영화, 드라마의 캐릭터, 배경, 플롯, 주제
에 대한 분석능력이 요구된다.

---

1. 역자해설은 『독서치료연구』에 실었던 두 편의 논문 「제임스 조이스의 『젊은 예술가의
   초상』에서 서사적 정체성」(2013)과 「이민진의 『백만장자를 위한 공짜 음식』에서 내러티
   브 정체성」(2014)을 수정 보완한 글이다.

실제로 상담 과정에서 가장 좋아하는 스토리를 통해 진로 전환을 위한 생애 대본을 찾아내는 과정에서 특히 문학작품에 대한 독서와 감상, 비평 능력이 필요하다. 또한 문학작품들 중 교양소설의 범위에 해당되는 많은 소설들은 등장인물의 유년기 집착과 자아 이상이 그들의 성장과 성숙에 어떻게 반영되고 승화되는지를 훌륭하게 보여준다는 점에서 독자의 생애의 주제와 캐릭터 분석 및 변용을 위한 훌륭한 지혜를 제공해준다.

역자는 사비카스의 진로구성상담의 관점에서 볼 때, 특히 유의미하다고 볼 수 있는 작품 두 개를 선정했고, 해당 작품들 속에서 주인공의 초기 회상, 롤모델, 직업적 흥미, 생애 대본과 인생모토를 찾아내고 이를 종합해서 주인공의 진로에서 생애 초상, 즉 내러티브 정체성을 밝혀보았다. 두 작품 모두 비록 허구적 인물이 등장하지만 작가 제임스 조이스와 이민진의 자전적 소설의 성격을 가지며, 특히나 진로에서 고민과 갈등, 해결과정이 잘 드러나는 작품들이다. 진로구성주의 관점에서 두 작품을 분석하고 비평한 글로 역자 해설을 대신함으로써 독자에게 사비카스의 진로구성상담이 어떻게 응용, 심화될 수 있는지를 보여줄 수 있을 것으로 기대한다. 따라서 이 역자해설은 이 책을 읽기 전의 입문의 목적이 아니라 본문을 다 읽은 후에 이해를 구체적으로 응용, 심화시키는 의도로 편성되었다.

제임스 조이스의『젊은 예술가의 초상』

1. 조이스의 진로고민

조이스의 소설은 그 제목에서 시사하는 것처럼 조이스 자신과 같은 젊은 예술가로서 초상, 즉 진로 내러티브 정체성의 형성과정을 보여준다. 특히 이 소설을 집필하던 전후 시기 조이스의 작가연보를 보면 그가 당시 깊은 진로 고민에 빠졌었음을 알 수 있다.

조이스는 1902년에 현대어문학 전공으로 학위를 받고 유니버시티 칼리지를 졸업 후 의학 공부를 위해 파리를 갔지만, 그곳에서 정작 의학 공부보다 예이츠 등의 도움으로 신문에 서평을 기고하며 생계를 어렵게 꾸려갔다. 1903년 의학 공부를 접고 더블린으로 귀환하고 모친이 별세한 이후에 1904년 노라 바나클이라는 여인을 만나 돌아올 기약 없이 유럽으로 기나긴 여행을 떠난다. 비록 작가로서 자기 유배를 떠났지만 생계를 위해 조이스는 1904년에는 이탈리아 벌리츠 어학연수원에서 영어를 가르쳤고, 1906년에는 로마의 어떤 은행에서 잠시 근무하고, 1907년부터는 다시 영어 교습으로 생계를 유지해 나간다. 이 시기에도 시집 『실내악』을 1907년에 출간했고, 1913년에 에즈라 파운드와 교류를 시작한 것으로 보아 생계형 직업을 갖고 있으면서도 본인의 천직으로 삼은 작가로서 열망의 불씨를 계속 지펴나간 것으로 보인다.

『초상』[1]은 이런 맥락에서 보면 조이스가 스티븐 디덜러스라는 자신의 문학적 분신을 통해 진로고민을 극복해나가기 위해 자신의 내러티브 정체성을 스스로 구성해냄으로써 작가로서 자신의 천직을 주도적으로 실행해 나가기 위한 도약대가 되었던 작품인 셈이다.[2]

---

1. 조이스 책은 주로 이상옥 번역의 『젊은 예술가의 초상』(2001, 민음사)을 참고했고, 영어 문장이나 어휘가 필요할 때 The Project Gutenberg eBook of A Portrait of the Artist as a Young Man(2020)를 참고했다.
2. 이는 비슷한 시기 체코의 유대인 작가 프란츠 카프카가 변호사로 낮에는 보험회사에서 근무하고 밤에는 부단히 소설을 써나가면서도 전문직으로서 자신의 직업을 쉽사리 그만두지 못하는 자신의 처지와 우유부단함과 관련해서 갖게 된 죄책감과 자기처벌을 주제로 썼던 장편소설 『소송』(1914)에 담겼던 카프카의 진로고민과 대조를 이룬다. 흥미로운 것은 카프카의 대표적인 장편소설인 『성』, 『소송』, 『실종자』는 모두 카프카의 진로고민과 연관되어 있으며 이 작품들 속에서 부단히 주인공들은 자신의 진로를 모색해 나가지만 실패한다.

2. 조이스의 유년기 기억 속에서 생애집착과 주제 찾기

예술가로서 자신의 생애 초상을 그려나가는 과정에서 조이스의 진로 고민을 해결해 나가기 위해 가장 중요한 것은 그의 직업occupation의 선구적 형태로서 집착preoccupation과 진로 주제를 밝히는 일이다. 사비카스는 집착과 진로주제를 일종의 생애 미해결과제로 보면서 동시에 그로부터 캐릭터 변곡선을 이끌어낼 수 있는 변화의 역동성의 원천으로 본다. 대체로 프로이트의 정신분석의 직간접적 세례를 받은 심리치료 및 상담이론들—아들러의 개인심리학, 융의 분석심리학, 클라인·페어베언·위니컷의 대상관계이론, 안나 프로이트의 자아심리학, 라캉의 정신분석 등—이 문제해결의 공통적 지표로 삼는 것처럼, 사비카스도 미해결과제의 원천으로서 문제극복의 단서를 유년기 회상 속에서 찾아볼 것을 제안한다. 조이스의 소설 1장과 2장의 초반 부분에서 우리는 세 가지 에피소드를 주목해볼 필요가 있다.

첫 번째 에피소드는 클롱고우스 하급반 시절(6세~9세) 초겨울에 급우 웰스에게 괴롭힘당한 일이다. 웰스가 자신의 길이 잘 든 밤과 스티븐의 예쁜 코담배와 바꾸자고 제안했을 때 스티븐이 싫다고 하자 그를 변소 하수구에 밀어 빠뜨려 버린 사건은 1장에서 하수구의 차가움과 끈적거림과 커다란 쥐의 혐오스러움과 같은 촉각과 시각의 감각과 더불어 반복적으로 회상된다. 스티븐은 웰스의 행동이 "못된 짓a mean thing"(Joyce, 2001, 17, 23, 34)이라고 여기며 분노했지만 무슨 일이 있어도 친구를 고자질하지 말라는 아버지의 충고를 떠올리며 괴롭힘을 감수했다. 자신의 소행을 일러바치지 않을까 염려한 웰스가 그에게 사과하며 일러바치지 말아 달라고 부탁을 했을 때, 스티븐은 일러바치지 않겠다고 약속하며 후련함을 느꼈다.

두 번째 에피소드는 스티븐이 제2문법반 자전거 선수에게 부딪혀서 쓰러지면서 안경이 세 동강 났고 라틴어 시간에 아놀 신부로부터 라틴어 쓰기를 면제받았음에도 불구하고, 학감 선생 돌란 신부에게 공부를 안 하려고 안경이 깨졌다는 거짓말을 한다고 오해받고 돌란 신부에 의해 억울하게도 손바닥을 맞는 부당한 처벌을 당하고 수치와 고통과 공포 그리고 분노에 사로잡혔던 사건이다. 스티븐은 친구들의 동정, 그리고 교장 선생을 찾아가 부당한 처벌을 받았다고 일러바치라는 친구 플레밍의 조언에 힘입어 역사 수업에서 배웠던 역사의 위대한 사람들처럼 부당한 처벌을 받았음을 만천하에 알리겠다는 결심을 한다. 그리고 교장실에 찾아가 교장 콘미 신부에게 자신이 돌란 신부에게 당한 잔인하고 부당한 처벌을 호소하고, 교장으로부터 돌란 신부가 더 이상 매질하지 않을 것이며 며칠 동안 공부하지 않아도 된다는 허락을 받아낸다. 이 사실을 알게 된 친구들로부터 환호와 지지를 받으며 스티븐은 외로움과 행복함 그리고 자유로움을 느꼈다. "그렇지만 그는 돌란 신부에게 으스대지는 않겠다고 마음먹었다. 오히려 그에게 말없이 복종하리라 생각했다. 그리고 그는 자기가 으스대지 않는다는 것을 돌란 신부에게 보여주기 위해 그의 앞에서 무언가 정다운 행동을 할 수 있었으면 좋겠다고 생각했다."(Joyce, 2001, 91)

세 번째 에피소드는 11세 이후 벨비디어 학교에 입학한 후 제6급 반에서 첫 학기를 끝낼 무렵 겪었던 연결된 두 가지 사건이다. 스티븐은 "학교생활 이외의 여가를 불온한 작가들을 읽는데 보냈고, 이 작가들의 조롱과 난폭한 언사는 그의 머릿속에서 일종의 발효 작용을 거친 후, 마침내 머리에서 빠져나와 조잡한 글로 표현되곤 했다."(Joyce, 2001, 123)

스티븐이 쓴 에세이를 읽은 영어 선생 테이트에게 그의 에세이에 이단적 생각이 담겼다는 비난을 듣는다. "그는 자신의 낭패와 탄로남, 자신의 마음과 가정생활의 누추함을 의식하고"(Joyce, 2001, 124) 자신의 글에 대해 변명하며 선생에게 굴복함으로써 선생의 마음을 누그러뜨린다. 그러나 방과 후 같은 급에서 경쟁자였던 헤론과 그의 친구들로부터 스티븐은 자신이 바이런을 좋아한다는 사실을 밝히는 바람에 바이런이 이단적이고 부도덕하다고 여겼던 친구들로부터 폭력을 당한다. 그러나 스티븐은 그들의 비겁함과 잔인함을 조금도 잊지 않았지만, 그 기억이 그로부터 어떤 분노도 불러일으키지 않았다. […] 그는 어떤 힘이 갑자기 형성된 노여움을 그에게서 벗겨내는 것을 느꼈는데 그것은 마치 부드럽게 잘 익은 과실에서 껍질이 술술 벗겨지듯 쉽게 벗겨지고 있었다(Joyce, 2001, 129).

세 가지 에피소드에서 스티븐의 공통된 주제는 시련과 복종이었다. 비열하게도 급우 웰스가 그를 변소 하수구에 밀어 빠뜨렸던 일, 부당하고 잔인하게도 돌란 신부가 아무 죄 없는 그를 체벌한 일, 그의 글과 좋아하는 시인이 이단적이라는 선생의 조롱과 이단적인 시인을 좋아한다는 이유만으로 친구들이 행한 폭행은 모두 그로 하여금 분노와 수치심을 불러일으키는 부당한 시련이었다. 그러나 그는 친구를 고자질하지 말라는 아버지의 조언에 기억하며 웰스를 고자질하지 않았고, 자신을 부당하게 처벌 했던 돌란 신부에게 오히려 말없이 복종하며 인정을 받고 싶어 했고, 이단적이라고 조롱하는 테이트 선생에게 변명했고, 자신을 집단적으로 폭행한 비겁하고 잔인했던 친구들에게 어떤 분노도 느끼지 못하고 교유관계를 유지했던 모습은 모두 연약함을 극복하지 못하고 타인들에게 굴복했던 스티븐의 모습이었다. 물론 두 번째 에피소드에서 교장 선생에게 일러바친 일로 친구들이 손가마를 태워줄 정도로 영웅 대접을 받았고, 나중에 아버지를 통해 콘미 신부가 자신을 "사나이다운 어린 놈Manly little chap"(Joyce, 2001, 114)이라고 불렀다는 스토리를 듣는다. 그러나 두 경험 모두 타인의 평가와 인정일 뿐이었다. 오히려 돌란 신부에게 맞았던 순간 "울부짖음이 입술까지 솟구쳤다. 그것은 용서해 달라는 호소였다"(Joyce, 2001, 79)라는 표현에서 알 수 있듯이 돌란 신부에게 직접 항의하지 못하고 수치감을 느끼고 교장 선생의 힘을 빌은 것이었다. 결국 이와 같은 아동기에 겪었던 시련과 굴복의 경험은 그로 하여금 자신의 소년시절에 대해 "제 운명을 피해 뒷걸음치던 영혼은 어디로 갔을까? 상처에 대한 수치심을 혼자서 곰곰이 되씹으며 오욕과 발뺌의 집에서 퇴색한 수의와 건드리면 시들어 버릴 화관을 걸치고서도 제왕처럼 행세하려 했던 그의 영혼"(Joyce, 2001, 263)이라고 자책하며, "마법의 순간에 연약함과 소심함과 무경험이 그로부터 떨어져 나가게 될"(Joyce, 2001, 103, 155) 변신을 집착하게끔 만들었던 것이다.

3. 조이스의 롤모델에서 자아 이상 찾기

사비카스에 따르면 유년기 기억 속에서 집착과 롤모델의 자아 이상 사이에는 중요한 관련성을 갖는다. 유년기 집착이 우리에게 결핍으로서 미해결과제를 갖게 만든다면 롤모델은 그와 같은 미해결과제를 이상적으로 해결한 인물에 대한 동경을 낳는다. 이는 프로이트가 말했던 유명한 명제 "Wo Es war, soll ich werden"(Freud, 1997, 109)에 대해서 흔히 "자아가 이드를 대신해야 한다"라고 해석하듯이 자아 이상이 이드의 집착을 극복해야 한다는 의미가 아니다. 오히려 집착이 있었던 곳에서 롤모델은 정체성의 출발점이 될 수 있는 자아, 자기의 기원적 형태를 제공해준다.

조이스의 소설 1장 초반부에서 스티븐은 자신의 지리책 권두 여백에 자신의 이름과 소재지를 써놓았다. "스티븐 디덜러스, 기초반, 클롱고우스 우드 학교, 샐린스 마을, 킬데어 군, 아일랜드, 유럽, 세계, 우주."(Joyce, 2001, 25) 무심코 적어 놓았던 이 구절을 거꾸로 읽으며 스티븐은 거의 처음으로 자아의식이 싹트기 시작한다. "자기가 그 권두 여백에 적어놓은 것을 밑에서부터 읽어 올라가니 마지막에 그 이름이 나왔다. 그 이름은 바로 그 자신이었다."(Joyce, 2001, 25-26)[3] 그러나 자아의식이 처음으로 싹트는 순간 "그는 자기가 작고 약하다mall and weaks"(Joyce, 2001, 27)는 느낌이 들었다. 그는 자신이 신처럼 우주가 어디서 끝나는가와 같은 '거대한 생각a big thought'(Joyce, 2001, 26)도 할 수 없었고, "어른들처럼 정치의 의미를 잘 알 수 없다"(Joyce, 2001, 27)고 느꼈다. 그래서 스티븐은 어른들의 스토리를

> 하나라도 놓치지 않으려고 열심히 귀를 기울였다. 더러 그가 이해할 수 없는 낱말들도 있었지만, 마음속으로 여러 번 되뇌어 봄으로써 결국은 그런 말들마저 익힐 수 있었다. 그리고 그런 낱말을 통해 그는 주변의 현실 세계를 조금씩이나마 볼 수 있었다. 자기 자신 또한 자라나서 그 세계의 삶에 참여하게 될 날이 다가오고 있는 것 같았다. 그래서 당장은

---

3. Then he read the flyleaf from the bottom to the top till he came to his own name. That was he(Joyce, 2020, 9).

그 내용을 잘 알 수 없었지만, 그의 성장을 기다리고 있다고 여겨지는 커다란 자기 몫의 역할을 수행하기 위해 그는 남몰래 준비하기 시작했다.(Joyce, 2001, 98~99)

맥아담스McAdams의 표현처럼 스티븐은 소년 시절 장차 인생과 세계라는 무대에서 '사회적 배우'로서 자신의 역할을 기대하는 최초의 캐릭터를 준비하는 중이었다.

사비카스는 롤모델은 이런 점에서 최초의 자아의 캐릭터를 채울 자아 이상을 제공한다고 본다. 당연하게도 아직 사회적 배우로서 최초의 캐릭터는 현실성과 구체성을 갖기 어렵고 몽상과 환상으로 채워지기 마련이다. 스티븐의 최초의 롤모델은 그가 클롱고우스로 되돌아가지 않고 집에 머물면서 밤마다 탐독했던 『몽테 크리스토 백작』의 주인공 에드몽 단테스였다. "그는 조잡하게 번역된 『몽테 크리스토 백작』을 탐독했다. 그 침울한 복수자는 그가 어린 시절에 기이하고 무시무시한 일에 관해 들은 바 있거나 상상한 적이 있었던 것들을 모조리 대표하는 인물이었다."(Joyce, 2001, 99)

에드몽 단테스는 스티븐에게 결여되었지만 갈망하는 특성들을 모두 갖춘 것처럼 보인다. 무엇보다 먼저 스티븐이 클롱고우스 우드 학교에서 급우 웰스의 야비한 괴롭힘이나 학감 선생 돌란 신부에게 겪었던 부당하고 잔인한 처벌에 대한 분노는 자연스럽게 복수의 화신이었던 몽테 크리스토 백작인 에드몽 단테스를 롤모델로 삼게 만들었다. 그런데 에드몽 단테스는 대개의 복수극들처럼 갖은 시련 끝에 물리적 힘이나 재정적 권력을 얻어 복수하는 단순히 권선징악의 캐릭터를 넘어선다. 에드몽 단테스는 감옥에서 비상한 학문과 교양을 갖춘 파리아 신부와 만나 교류하면서 지적으로 성숙한 자로 변모한다. 또한 막대한 재화로 몬테 크리스토 섬의 소유권을 차지한 후, 전부터 구상해온 밀무역 기지를 조성해 수수께끼의 인물 "선원 신드밧드"로 명성을 쌓게 되고, 이탈리아에서 백작 작위까지 얻게 되는 과정에 수많은 모험을 하면서 삶에 실제적인 경험을 쌓게 된다. 또한 에드몽 단테스에게서 보이는 바, "오래 전에 그의 사랑을 무시하고 다른 사람에게 시집간 메르세데스"(Joyce, 2001, 99)에게 "슬플 정도로 오만한 거부의 몸짓a sadly proud gesture"(Joyce, 2001, 99-100)은 스티븐으로 하여금 우정과 사랑과 같은 인정을 갈망했던 타인들에게 시련을 당하고 분노하면서도 그들로부터의 인정에 대한 미련을 내려놓지 못하는 자신의 연약하고 소심했던 모습과 대비가 된다.

반면 사비카스에 따르면 부모의 가이드는 롤모델과 다른 역할을 갖는다. 롤모델은 최초의 진로 선택인 반면, 부모의 가이드는 선택된 것이 아니라 생애 초반부터 주어진 것이다. 부모의 가이드는 영향받는 것으로서 강제적인 반면, 롤모델은 선택하는 것으로서 동일시의 결과물이다. 사비카스에 따르면 "가이드는 그것들이 전체로서 삼켜지는 까닭에 내사물이 된다. 그와 같이 내사물은 내면 공간 속에서 저 가이드의 표상이 된다. […] 개인은 실제로 내면화된 표상과의 대화를 수행한다."(Savicaks, 2011, 88)

동일시의 대상으로서 롤모델과 내사의 대상으로서 부모의 가이드는 고전적 정신분석에서 각각 자아 이상과 초자아에 해당된다. 전자가 존경심을 불러일으킨다면 후자는 죄책감에 사로잡히게 한다. 실제로 스티븐은 자신의 선택과 무관하게 주어진 환경으로부터 여러 강제와 명령의 목소리를 끊임없이 듣는다.

자기더러 무엇보다 먼저 신사가 되고 무엇보다 먼저 독실한 가톨릭 신자가 되라고 촉구하는 아버지나 학교 선생들[또한 신부들]의 목소리를 끊임없이 들어왔다. […] 체육관이 문을 열었을 때 그는 또 다른 목소리가 그에게 튼튼하고 사내답고 건강한 사람이 되라고 촉구하는 것을 들었다. 그리고 민족부흥운동이 학교까지 영향을 미치게 되었을 때, 또 다른 목소리가 그에게 조국을 참되게 대할 것이며 조국의 언어와 전통을 부활하는 사업을 도와주도록 명령했다. […] 범속한 세계에서는 세속적인 목소리가 그에게 자기 힘으로 노력해서 아버지의 떨어진 지위를 높여주도록 명하고 있었다. 한편 학우들의 목소리는 그에게 훌륭한 학생이 되어 다른 애들이 비난당하지 않게 하고 다른 애들이 벌을 받지 않게 용서를 빌어주고 또 최선을 다해 많은 휴강을 얻어내라고 촉구하는 것이었다.(Joyce, 2001, 130-131)

스티븐은 비록 실체 없는 환상이더라도 자신의 롤모델을 갈망하면서도 내사된 수많은 조언, 충고, 비난, 명령, 촉구의 목소리에 전적으로 귀를 막지는 못했다. 다만 스티븐은 "이런 목소리들에 대해 잠시 동안만 귀를 기울였을 뿐이며, 이런 목소리로부터 멀리 떨어져서 그것들이 부르는 소리를 듣지 않으며 혼자 있거나, 아니면 그 환영들이나 벗 삼고 있을 때만 행복감을 느꼈다."(Joyce, 2001, 131)

맥아담스가 말하는 사회적 배우로서 심리적 자기의 발달단계에서 사람들은 결코 자신의 자발적 선택만으로 자신의 롤모델을 만들지는 못한다. 왜냐하면 맥아담스의 논리대로라면 사회적 배우단계에서 심리적 자기의 과업은 자기조절이며 그와 같은 자기조절에서 타인들의 기대, 바람에 부합하는 나를Me 만들어갈 수밖에 없으며 내사된 타인들의 목소리는 사회적 배우가 그에 따라 역할연기를 해야만 하는 지배적 대본script과도 같다. 사비카스는 맥킨타이어MacIntyre (1997)와 마찬가지로 서구사회와 같은 개인주의 문화와 맥락 속에서도 여전히 각자 자신의 생애의 저자라기보다는 공동저자임을 인정한다. 서구 심리학의 개인주의 관점은 정체성의 자전적 작가성을 하나의 개인적 기획으로 바라본다. 공동체주의자인 맥킨타이어(1997)는 사람은 생애 스토리의 내러티브를 홀로 만들어가지 못한다고 본다. 많은 사건들과 사람들이 개인에 의해서 살아낸 스토리를 공동으로 지어나간다.

스티븐은 벨비디어 학생 시절에는 아직 자신의 주위 타인들의 목소리들로부터 자유롭지 못했고 그의 집착 속 미해결문제였던 연약함, 소심함, 무경험은 그로 하여금 타인들의 목소리에 귀 기울이도록 하였다. 그 결과 그의 죄책감과 우유부단의 원천이 되기도 하였다. 따라서 스티븐이 집착의 미해결과제를 극복하는 일은 동시에 타인들의 목소리와의 싸움—회피가 아니라—에서 자신의 목소리를 더욱 크게 내는 일이요, 타인의 목소리를 따라가는 것이 아니라 자신의 내면의 목소리를 따라가는 일이기도 했다.

4. 조이스의 직업적 흥미 찾기

사비카스에 따르면 흥미interest란 그 라틴어 어원상 '사이에inter' '있음 est'을 의미한다. 심리학적 관점에서 흥미를 이해한다면, 그것은 "개인의 욕구needs를 만족시키는 목표를 달성하기 위한 사회적 기회와 그런 욕구 사이의 심리사회적 긴장"(Savickas, 2011, 60)을 말한다. 진로구성주의 전문가라면 흥미를 평가할 때, 내담자의 직업적으로 선호하는 환경, 즉 그들이 자신의 목표를 추구하고 가치를 실현하는 데 적합하다고 여기는 직업적 무대에 초점을 맞춘다.

앞서 롤모델을 통해서 파악된 스티븐의 자아 이상이 곧바로 스티븐의 정체성을 의미하지는 않는다. 사비카스에 따르면 자기self는 정체성보다는 더 넓은 개념이며, 진로구성주의에서

정체성이란 사람들이 자기 자신을 사회적 역할들과 관계해서 어떻게 생각하느냐에 달려있다. 역할 속에서 자기 혹은 역할 정체성은 사회적 상황 혹은 환경적 맥락 속에서 구성된 자기에 대한 정의이다. 정체성은 자기를 사회적 맥락 속에서 위치지음으로써 도식화한다. 정체성이라고 불리는 도식은 하나의 패턴이며, 이런 패턴은 개인에 의해[혹은 개인에게] 사회적 현실에 대한 자신의 반응을 개입하고 안내하기 위해 부여된다.(Savickas, 2011, 17-18)

곧 직업적 흥미로서 무대란 롤모델의 추상적인 자아 이상이 정체성으로 도식화되고 패턴화되어 감으로써 구체화되기 위해 자신의 목표를 추구하고 가치를 실현할 수 있는 사회적 맥락을 의미한다. 다만 롤모델이 현실의 구체적 자기가 아니라 갈망하고 동경하는 자아 이상인 것처럼 직업적 흥미 역시 과거와 현재 주어진 사회적 환경이 아니라 자신의 목표와 가치를 실현하기 위해 새롭게 찾고, 선택하고 만들어야 나가야할 사회적 기회, 무대이다. 사비카스는 이런 직업적 무대를 내담자가 즐겨보는 잡지 종류나 텔레비전 프로그램 혹은 웹사이트를 통해서 발견되는 선호하는 장소, 사람, 문제, 절차로 본다. 조이스의 소설에서

스티븐은 시대적 배경 상 매스미디어를 접하기 어려운 시대에 살았고 따라서 그의 직업적 흥미, 무대를 추측하기는 쉽지 않다. 다만 소년 시절부터 청년기에 이르기까지 스티븐의 행동과 말 속에서 우리는 어떤 직업적 무대를 선호하며 꿈꾸는지를 짐작할 수 있을 뿐이다.

클롱고우스 재학시절 스티븐은 추운 겨울 야외에서 거칠게 축구하며 노는 친구들 틈에서 무심코 "벽난로 앞에 깔아놓은 양탄자 위에 손을 베고 누워, 이런 [시와 같은] 문장들이나 생각하고 있었으면 좋을 텐데"(Joyce, 2001, 17)라고 혼잣말한다. 클롱고우스를 그만두고 집에서 지내는 동안에도 동네 소년들과 어울려 거리의 모험자 단체를 만들고 놀러 다니기도 했지만, 그 역시 밤마다 홀로 탐독했던『몽테 크리스토 백작』의 주인공의 모험에 대한 환상을 현실 속에서 흉내 내고 싶어서 한 행동이었다. "애들이 노느라고 시끄럽게 떠드는 소리가 그에게는 괴로웠다. 애들의 바보스러운 목소리를 듣고 있자니 자기가 다른 애들과 다르다는 사실이 클롱고우스 시절보다 더 민감하게 느껴졌다. 그는 놀고 싶지 않았다."(Joyce, 2001, 102) 벨미디어 학교를 다니면서 스티븐과 경쟁하던 헤론이 스티븐을 두고서 이렇게 불평한다. "디덜러스는 모범 청소년이거든. 얘는 담배도 안 피우고, 바자회에도 안 가고, 계집애들과 시시덕거리지도 않고, 제기랄 아무것도 하는 것이 없단 말이야."(Joyce, 2001, 119) 조이스는 당시 스티븐의 생활을 이렇게 기술한다. "학교생활 이외의 여가를 그는 불온한 작가들을 읽는데 보냈고, 이 작가들의 조롱과 난폭한 언사는 그의 머릿속에서 일종의 발효 작용을 거친 후 마침내 머리에서 빠져나와 조잡한 글로 표현되곤 했다. 일주일 동안 하는 과제 중에서도 에세이 쓰기가 으뜸가는 일이었다."(Joyce, 2001, 123) 실제로 이 시기 스티븐은 경시에서 우수상과 에세이 상으로 아일랜드 은행 총재

명의의 33파운드의 상금을 받기도 했다. 홀로 사색을 즐기던 스티븐은 대학생이 된 후에 당시 정치나 종교 문제에 대해서는 거의 관심이 없었고, 온통 아퀴나스의 미학 문제에 대한 사색에 빠졌었고 다만 몇몇 제한된 사람들 - 학감이었던 예수회 사제, 린치, 크랜리와 같은 친구 - 에게 자신의 예술철학을 털어놓는 것을 즐겼을 뿐이다. 5장 중반부에 가서 조이스는 스티븐이 새벽 무렵 자신의 침실에서 깨어나며 "미적 이미지의 선명한 빛clear radiance이 그 전일성wholeness에 사로잡히고, 조화 harmony에 매혹된 마음에 의해 명쾌히 포착되는 순간"[4](Joyce, 2001, 328), "심장의 황홀경the enchantment of the heart"(Joyce, 2001, 328, 334)의 순간을 체험하며 시를 창작하는 과정을 보여준다.

이와 같은 스티븐의 여러 행동과 말 혹은 주변인의 관찰에 비추어 볼 때, 스티븐은 여러 사람들과 함께 있는 광장이나 운동장, 교실보다는 홀로 고립된 방, 침실 혹은 인적이 드문 거리나 해변을 선호한다. 두 번째로 사람들과의 놀이나 잡담, 심지어는 여성과의 연애보다는 홀로 외롭게 지내는 것을 좋아한다. 사람들과 교류하더라도 극히 소수의 사람과 자신의 예술적 사색에 대해 대화나누길 좋아할 뿐이다. 특히 사람들과 관련해서 그는 자신의 지적 우월감과 오만을 느낀다. 세 번째로 스티븐은 시와 소설의 낱말들이라는 창을 통해 세상을 바라보는, 더 정확히 말하면 몽상하는 미적 환상, 이미지를 향유하고 사색하며 글로 창작하길 좋아한다. 네 번째로 이미 조이스의 첫 번째 소설이었던 『초상』에

---

4. 전일성wholeness; integritas, 조화harmony; consonantia, 선명한 빛clear radiance; claritias은 아퀴나스의 미적 이미지의 세 가지 요소이다. 조이스 책, 326-327. 김율, 「토마스 아퀴나스의 미학사상」(2005) 참조.

서부터 조짐이 보이기 시작했고, 『율리시즈』(1922년)에서 화려하게 만발했던 자유연상 방식의 자유로운 의식의 흐름으로 창작하길 원한다. 요컨대 지적으로 성숙하고 많은 모험을 통해 경험을 쌓은, 무엇보다 타인들의 평가에 연연하지 않는 강건한 영혼인 스티븐의 자아는 고독과 오만 속에서 아름다움의 자유로운 창조를 갈망하는 것이다.

5. 조이스의 생애 대본

사비카스에 따르면 "내담자가 좋아하는 스토리 속의 줄거리synopsis는 롤모델에서 묘사된 자기와 좋아하는 잡지나 텔레비전에 의해서 특징지어진 사회적 위치를 통합한다(Savickas, 2011, 108)."대본은 자기를 무대에 연결시키는 것 외에도 또한 초기 기억들[속 집착]과도 연결되어야한다."(Savickas, 2011, 109) 우리는 스티븐의 자기가 선호하는 무대에 등장하여 삶을 고양시키는 한 가지 진로, 특히 초기 기억 속에 내장되었던 집착들에 방향을 맞춘 진로 대본이 효력을 발휘하게 되는 "잠정적인 내러티브 정체성"(Savickas, 2011, 109)의 구성 작업을 시작할 수 있는 시점에 이르게 되었다.

스티븐의 유년기 기억 속에서 갖게 된 집착은 타인들로부터의 야비하고, 부당하고, 잔인한 괴롭힘을 당하며 느끼는 고통, 분노, 수치심으로 인해 연약해지고, 소심해지고, 경험을 쌓지 못하고 타인들에게 복종하고 변명하고 오히려 인정을 갈구하는 상태로부터 해방되는 것, 자유로워지는 것이었다. 그에 따라 그가 갈망하는 자기의 이상은 풍부한 교양과 학문을 익히고 닦음으로써 지적으로 성숙해지고, 수많은 모험의 편력을 통해 경험을 쌓고, 결코 타인의 애정, 인정에 흔들리지 않고 슬플 정도로 단호하게 거절하고 외로움을 견딜 수 있는 강인함이었다. 또한 이런 자아 이상은 부모와 교사, 친구, 종교, 국가의 너무나 세속적이고 당위적인 명령의 목소리를 능가할 수 있는 내면의 목소리를 들을 수 있어야만 했다. 초자아의 요구와 당위를 능가하는 자아 이상의 목표와 가치가 실현되기 위해서는 열등한 사람들에 대한 오만과 차별적 태도를 취하며 타인들과 단절된 고독한 공간 속에서 심장을 매혹시키는 황홀의 순간에 사로잡혀 온몸으로 체험하고 온정신으로 사색하고, 창조하기 위한 무대가 필요했다.

그러나 스티븐은 자신의 진로에서 하나의 내러티브 정체성을 암묵적으로든 명시적으로든 형성하는 핵심 계기인 생애 대본을 작성하는 가운데 중요한 위기를 겪게 된다. 맥킨타이어(1997)나 리쾨르(2006)가 지적했듯이 캐릭터의 형성은 플롯의 형성과 긴밀한 상관성을 갖는다. 스티븐은 벨비디어 재학 중이던 청소년기 후반, 누구나 쉽게 빠질 수 있는 성적 욕망의 유혹에 빠져 매춘을 저지른다. 그는 자신에 대한 깊은 혐오감과 행위에 대한 죄책감을 극복하는 과정에서 성 프란시스 사비에르를 추념하는 피정 기간 아놀 신부의 죄와 벌에 대한 성경의 지배 내러티브에 압도적 영향을 받게 된다. 그리고 이 시기 클롱고우스 교장 콘미 신부의 예수회 사제의 소명에 대한 물음과 제안을 받게 되면서 스티븐의 진로는 새로운 국면에 직면하게 된다. 사비카스에 따르면

문화 대본은 흔히 지배적 담론을 분명하게 표현한다. 그런 문화 속에 표

현되는 지배 담론은 항상 규범적일 수 있다. 이런 문화적 규범은 개인들이 채택할 수 있는 가능한 자기와 삶의 양식의 범위를 제약한다. 문화 담론은 개인에게 문화적 가정, 행동규범, 성 고정관념, 그리고 사회적 불평등을 고수하도록 강제한다. 그리고 이것들은 지배적인 혹은 지배 내러티브가 되고 만다.(Savickas, 2011, 110)

스티븐이 청소년 시절 빠지게 되는 성적 유혹과 매춘 경험은 그로 하여금 지독한 죄책감을 느끼게 만든다. 전통적으로 아일랜드가 오랫동안 가톨릭의 영향 하에 있었고, 어머니와 단티 아주머니의 깊은 신앙심은 스티븐에게 어릴 때부터 깊은 감화를 주었다. 또한 스티븐은 벨비디어 학교의 신심회 회장이기도 하였다. 그런 까닭에 스티븐은 청소년기 성적 욕정들을 느끼기 시작하면서부터 자신의 욕망에 대한 욕지기[구토]를 경험한다.

그는 가슴속의 희미한 욕지기 때문에 한숨지었다. 그는 벨비디어 학교에서 자신이 차지하고 있던 애매한 위치를 생각해 보았다. 학비 전액 면제의 특대생이요, 학생 간부[학교 성모 마리아 신심회 회장]이면서도 [⋯] 자기 삶의 추잡함이나 마음속의 반란을 상대로 싸우고 있는 자신의 모습이었다. [⋯] 그의 육체적 나약함과 허망한 열정을 조롱하는가 하면 자기 자신이 빠지곤 하던 광기 어린 추잡한 탐닉을 혐오하게 했다.(Joyce, 2001, 142)

이런 성적 욕망은 스티븐이 롤모델을 통해서 어릴 적부터 갈망하던 자아 이상의 환상을 한순간에 사라지게 만들 수 있었다는 점에서 수많은 초자아의 목소리의 영향력보다 더 강력하였다.

이따금 그의 욕정이 가라앉고 그를 소모시키고 있던 사치스런 감정이 보다 부드러운 나른함으로 바뀔 때에 한에서, 메르세데스[에드몽 단테스의 연인]의 이미지가 기억의 뒷전을 스칠 뿐이었다. [⋯] 그는 슬프고 오만한 사절의 몸짓을 하고 있어야 할 자신의 모습을 그려보았다. [⋯] 지난날의 희망과 지금의 희망 간에 가로놓인 그 무서운 현실에도 불구하고 그가 상상해왔던 거룩한 상봉은 이루어질 것이며, 그 순간 연약함과 소심함과 무경험 상태가 그 자신으로부터 떨어져 나갈 것이라는 예감이기도 했다. 이런 순간들은 사라지고 심신을 소모하는 욕정의 불길이 다시 솟구쳤다. 시구가 그의 입술에서 사라졌고, 분명치 않은 부르짖음과 발언되지 않은 야수적 언어가 그의 두뇌를 밀치고 나왔다. 그의 피는 반란을 일으키고 있었다.(Joyce, 2001, 154–155)

스티븐이 성적 유혹을 이기지 못하고 매춘을 경험한 후에는 그의 갈등과 번민은 더욱 강해졌다. "싸늘하고 투명한 냉담함이 그의 영혼 속을 지배하였다. 처음으로 끔찍스러운 죄악을 저질렀을 때, 그는 생명력이 자신에게서 물결처럼 빠져나가는 것을 느꼈고 그 과다한 유출로 인해 그의 육체와 영혼이 손상되면 어쩌나 겁을 내기까지 했다."(Joyce, 2001, 163)

조이스의 소설에서 분량상 가장 많은 부분을 차지하는 피정 기간 아놀 신부가 행한 죽음, 심판, 지옥, 특히 지옥의 육체적, 정신적 고통에 대한 설교는 스티븐으로 하여금 고해성사를 하게 만드는 주요 동기로 작동한다. 고해성사를 통해 겨우 죄책감으로부터 벗어나는 시점에 스티븐은 자신이 존경하던 클롱고우스 교장 콘미 신부로부터 예수회 사제직의 진로제안을 받는다. 아동기와 청소년기 클롱고우스와 벨비디어 학교를 다니면서 예수회 사제들에 대한 그의 항구적인 태도는 그의 유년기 연약함, 소심함, 무경험의 집착과 무관하지 않았다.

> 클롱고우스에서 그가 뱅충이 노릇을 하고 있을 때에도 그는 그들[예수회
> 회원들] 앞에서 늘 기가 죽었고, 벨비디어에서 그가 애매한 입장에 처
> 해 있을 때에도 그는 그들 앞에서 기가 죽곤 했다. 이런 항구적인 느낌
> 은 그가 학창 생활을 마치던 해까지 늘 그를 떠나지 않았다. 그는 한 번
> 도 그들에게 불복한 적이 없었고, 또 난폭한 친구들이 꼬여도 그는 묵종
> 하는 습성을 버리지 않았다.(Joyce, 2001, 242)

오랫동안 예수회 사제들에게 묵종하는 습성이 있었고, 최근 고해성
사로 인한 구원의 기쁨을 느끼던 차에 그가 존경하던 콘미 신부로부터
사제직의 진로를 제안 받는다.

> 스티븐, 내가 오늘 너를 부른 것은 중대한 문제를 놓고 너와 상의하고
> 싶었기 때문이야. […] 너는 혹시 네게 성소(聖所, a vocation)가 있다고 생
> 각을 해본 적이 있느냐? […] 내 말은, 혹시 네가 마음속으로, 혹은 영혼
> 속에서 예수회에 가입했으면 하는 희망을 느낀 적이 있느냐 하는 것이
> 다. 생각해 보아라.(Joyce, 2001, 243-244)

여기서 중요한 것은 스티븐에게 콘미 신부의 사제직 제안은 그의 유
년기 기억 속 집착, 롤모델의 자아 이상 그리고 직업적 무대를 종합하
는 한 가지 내러티브 정체성을 만들어줄 수 있었던 생애 대본을 제시한
다는 점이다.

> 이 세상의 어떤 왕이나 황제도 하느님을 모시는 사제의 권세는 갖지 못
> 하고 있어. 하늘나라의 그 어떤 천사나 대천사도 또 성인이나 심지어는
> 성모 마리아까지도 하느님의 사제가 가진 권세만은 가지지 못하고 있

지. 그것은 하늘나라의 열쇠[마태복음 16:19]가 가지는 힘이요, 사람을 죄악에 매거나 죄악에서 해방시키는 힘이요, 액운을 막는 힘이요, 하느님의 창조물로부터 그들을 지배하는 사악한 귀신들을 쫓아내는 힘이요, 하늘에 계신 하느님께서 제대로 내려오셔서 빵과 포도주 속에 드시게 하는 힘이요 권능이기도 하단다. 자 어떠냐. 스티븐, 굉장한 권세가 아니냐!(Joyce, 2001, 244-245)

콘미 신부가 말하는 성직자로서 소명은 스티븐이 연약함, 소심함에서 벗어날 수 있기를 갈망하며 꿈꾸었던 자아 이상에게 실제로 지적 성숙과 권세를 가질 수 있게 해줄 것이다. 또한 성직자의 소명은 스티븐의 직업적 흥미 중 성직자로서 속세와 단절한 채 오로지 신과 단독자로 대면할 수 있는 고독과 오만함을 누릴 수 있게 해줄 것이다. 이런 점에서 성직자의 소명은 그에게 분명 유혹적인 생애 대본이었다.

그러나 이미 스티븐은 콘미 신부를 만나기 전에 조금씩 예수회 사제들의 판단에 대한 회의와 의심이 싹트고 있었다. 다만

선생의 말이 의심스러울 경우에도 공개적으로 의혹을 표명하려 들려 하지 않았다. 근래에 선생들의 판단 중 몇 가지가 그의 귀에 약간 유치하게 들린 적이 있었다. 그때 그는 마치 자기가 그 익숙한 세계에서 서서히 벗어나고 있으며 또 그 세계의 말씀을 마지막으로 듣고 있기라도 하듯 유감과 연민을 느꼈다.(Joyce, 2001, 242)

그리하여 콘미 신부의 제안을 듣고 교장실을 나오면서 스티븐은 "교장의 동료 의식에 맥없이 묵종하고 있던 손을 살그머니 빼내면서"(Joyce, 2001, 248) 이미 성직자로서의 생애 대본을 자신의 진로에서 지우기 시작하였다. 그 순간 그를 기다리고 있는 사제로서 삶이란 "엄숙

하고, 질서정연하고 열정이라고는 없는 삶"(Joyce, 2001, 248)이라는 상상이 떠오르고, 그에게 질서, 묵종, 절제의 삶에 대해 "적대적 본능"(Joyce, 2001, 249), "방종스러운 본능"(Joyce, 2001, 255)이 반발하였던 것이다. "어떤 질서 속에서도 자기야말로 다른 사람들과 동떨어진 존재라고 생각하게 했던 그 오만한 정신"(Joyce, 2001, 249)은 무엇보다 성직자가 갖는 권세가 질서와 권위에 대한 절대적 복종 속에서 비롯되는 것이라는 점에서 스티븐의 집착과 자아 이상에 너무나 상반된 생애 대본이었음을 깨우쳐 준다. 조이스는 스티븐을 대신해 이렇게 다짐한다.

> 그가 신부가 되어 감실 앞에서 향로를 흔드는 일은 결코 없으리라. 그의 운명은 사회적 종교적 질서로부터 자유로워지는 것이었다. 교장의 호소가 현명하다고 해도 그의 급소를 찌르지는 못했다. 그는 자기가 다른 사람들을 떠나 자신의 지혜를 배우거나 아니면 세상의 함정들 사이로 스스로 헤매고 다니며 다른 사람들의 지혜를 배워야 할 운명에 처해 있었다. 이 세상의 함정이란 죄를 짓는 길이었다. 그 함정에 빠져보리라. […] 그는 닥쳐올 어느 순간에 자기 영혼이 겪게 될 말없는 타락을 감지하고 있었다.(Joyce, 2001, 251)[5]

무엇보다 성직자의 진로는 스티븐에게 자신의 운명과도 같은 집착으로서 연약함, 소심함, 무경험으로부터 변신하기 위해서는 기존의 사회적, 종교적 질서로부터 자유로워질 필요가 있었다.

이와 같은 경험은 자신의 생애 진로 대본에서 권위 있는 타인들이 강

---

5. 이 대목에서 주인공의 다짐을 작가가 대신한다는 점에서 작가의 3인칭 시점은 1인칭 시점으로 바뀌는 것이 더 자연스럽겠다는 생각이 든다.

제로 들려준 내용, 즉 지배 내러티브를 해체하고 삭제하는 계기가 된다. 그러나 새로운 생애 대본의 주제와 캐릭터, 무대는 준비되었지만 아직 그런 주제, 캐릭터, 무대에 걸맞는 플롯을 새롭게 작성하는 시간은 찾아오지 않았다. 조이스도 이를 아는 것처럼 다음과 같이 쓴다. "그가 받들어야 할 운명을 가지고 태어났으면서도 아직 그 정체를 파악하지 못하였던 목표가 그를 인도하여 은밀한 길을 따라 도망칠 수 있게 해주었던 것이다. 이제 그 목표는 다시 한 번 그에게 손짓했고, 새로운 모험이 그에게 펼쳐지려 했다."(Joyce, 2001, 255)

스티븐은 콘미 신부의 성직자 진로 제안을 거부한 다음 대목(Joyce, 2001, 253-266)에서 곧바로 이 소설의 가장 절정에 해당되는 소위 에피파니의 경험을 하게 된다. 이 부분은 바로 젊은 예술가로서 스티븐의 내러티브 정체성을 구성하는 생애 초상의 메타-내러티브에 해당한다. 클론타프 해안에서 더블린 만으로 쭉 뻗은 해벽 및 방파제의 바닷가에서 에피파니의 경험은 초자아의 수많은 목소리를 몰아내는 또 다른 목소리 경험에서 시작된다.

> 그는 자기가 의식할 수 있지만 한순간도 포착할 수 없는 기억이나 이름들과 관계있는 듯한 어지러운 음악을 마음속으로 듣고 있었다. 그러자 그 음악은 퇴각에 퇴각을 거듭하고 있는 듯했다. 그리고 그 혼탁한 음악의 퇴로에서는 매번 길게 늘어뜨리며 부르는 소리가 들려와서 마치 별처럼 침묵의 어둠을 꿰뚫고 있었다. 그 소리는 여러 번 거듭해서 들려왔다. 이 세상 밖에서 한 목소리가 부르고 있었다. 헬로, 스테파노스! 바로 그 디덜러스가 오고 있군!(Joyce, 2001, 258-259)

소설의 초입부에서 6살 스티븐은 지리책 권두 여백에 적어두었던 자신의 이름 "스티븐 디덜러스"(Joyce, 2001, 5)를 읽으면서 막연하나마 자아의식이 싹트기 시작했었다. 이제 10년이 지나 대학에 들어가기 직전 스티븐은 자신의 이름의 라틴어와 희랍어식 발음 소리를 듣는다. "스테파노스 다이달로스Stephanos Dedalos"(Joyce, 2001, 260). 그것은 마침 해변가에 있었던 친구들의 야유였다. "그들의 야유가 그에게는 새로운 것이 아니었고, 이제는 오히려 그의 온화하고 도도한 주체 의식을 부추겨 주었다. 과거와는 달리, 자기의 기이한 이름도 이제는 하나의 예언으로 여겨졌다."(Joyce, 2001, 60) 앞서 콘미 신부는 스티븐에게 성직자의 진로를 권유했을 때 그의 이름 '스티븐'의 "주보성인holy patron"(Joyce, 2001, 247)인 성 스테파노스가 최초의 순교자였던 사실을 일깨워 준 바 있다. 그러나 지금 스티븐에게는 성family name인 디덜러스의 희랍식 발음인 '다이달로스'를 듣자 고대 전설적인 명장을 떠올리며 "한 날개 달린 형체가 파도 위를 날아 서서히 하늘로 올라가는 것을 보고 있는 듯했다."(Joyce, 2001, 261) 바로 스티븐 디덜러스는 스테파노스의 시련으로부터 다이달로스의 창조로 비상하는 변신의 에피파니의 경험, 즉 자신의 생애 주제가 상징하고 예언했던 바 캐릭터 변곡선의 지향성을 자각한다.

> 매처럼 생긴 한 사람이 태양을 향해 바다 위로 날아가다니 그게 바로 그가 태어나면서부터 받들도록 되어 있었고 안개 같은 유년기와 소년기를 통해 꾸준히 추구해 오기도 했던 목표를 예언하고 있을까? 자기의 작업실에서 이 지상의 맥 빠진 물질을 가지고 새롭고 신비한 불멸의 비상체를 빚어내고 있는 예술가의 상징인가?(Joyce, 2001, 261)

그 순간 스티븐은 자신의 변신에 대한 환상, 자신의 이후 예술철학이 될 미적 경험을 하게 된다.

그의 심장이 떨렸다. 그의 숨결은 빨라졌고, 마치 그가 태양을 향해 날아가고 있듯이 야성의 정령이 그의 몸 위로 지나갔다. 그의 심장은 황홀한 두려움 속에서 떨었고, 영혼은 날고 있었다. 그의 영혼은 이 세상 밖의 하늘을 날고 있었고, 그가 아는 육신은 단숨에 정화되어 의혹에서 해방된 후 빛을 발하며 그 정령의 원소와 뒤섞였다.(Joyce, 2001, 261)

에피파니의 경험은 스티븐의 생애대본과 주제 혹은 플롯과 집착이 통합되면서 그의 캐릭터의 변신이 이루어지는 극적 순간이다.

6. 조이스의 인생모토

진로구성주의 상담에서 내러티브 정체성을 구성하면서 사비카스의 마지막 물음은 앞으로 새로운 인생의 장을 여는 순간 내담자 스스로에게 미래의 삶의 지표가 될 수 있는 인생모토가 무엇인가이다. 조이스의 소설 마지막 5장은 무엇보다 조이스의 분신인 스티븐의 예술철학뿐만 아니라 스티븐이 아일랜드를 떠나 돌아올 기약 없는 자기유배를 시작하기에 앞서 스스로에게 용기를 불어넣는 인생모토가 반복해서 진술된다.

이봐, 크랜리. 너는 내게 내가 무엇을 할 것이며, 무엇을 하지 않을 것이냐고 물어왔어. 내가 무엇을 할 것이며 무엇을 하지 않을 것인지를 말해주마. 내가 믿지 않게 된 것은, 그것이 나의 가정이든 나의 조국이든 나의 교회든, 결코 섬기지 않겠어. 그리고 나는 어떤 삶이나 예술 양식을 빌려 내 자신을 가능한 한 자유로이, 가능한 한 완전하게, 표현하고자 노력할 것이며, 내 자신을 방어하기 위해서는 내가 스스로에게 허용할 수 있는 무기인 침묵, 유배 및 간계를 이용하도록 하겠어.(Joyce, 2001, 379)

스티븐의 고백은 거의 지금까지 스티븐의 예술가로서 생애 대본, 즉 내러티브 정체성을 압축한 듯하다.

스티븐은 이런 자신의 예술가로서 생애 초상, 내러티브 정체성의 다음 장으로 넘어가기 위해서 스스로에게 다음과 같이 두려움을 없애는 용기를 심어 넣어 준다.

나는 너에게 내가 두려워하지 않는 것들도 말해 주마. 나는 외로이 지내는 것, 다른 사람에게 자리를 내어주고 쫓겨나는 것, 그리고 내가 버려야 할 것이 있으면 얼마든지 버리는 것, 이런 것을 두려워하지 않는다. 그리고 나는 어떤 잘못을 저지르는 것을 두려워하지 않는다. 그것이 설사 큰 잘못이고 평생에 걸친 잘못, 어쩌면 영원히 계속될 잘못이라고 하더라도 나는 두려워하지 않는다.(Joyce, 2001, 380)

이런 스티븐의 자기격려 속에서 우리는 예술가로서 대중의 인정, 기대로부터 자유로워져야 한다는 생각, 예술적 창조를 위해서 필요한 해체와 파괴 앞에서 주저하지 않겠다는 결심을 읽어낼 수 있다. 끝으로 스티븐은 소설의 마지막 대목에서 다음과 같은 인생모토를 외친다.

다가오라, 삶이여! 나는 체험의 현실을 몇백만 번이고 부닥쳐 보기 위해, 그리고 내 영혼의 대장간 속에서 아직 창조되지 않은 내 민족의 양심을 벼리어 내기 위해 떠난다. 그 옛날의 아버지여, 그 옛날의 장인이여, 지금 그리고 앞으로 영원히, 나에게 큰 도움이 되어 주소서.(Joyce, 2001, 390)

7. 마무리

지금까지 우리는 조이스의 1916년의 자전적 소설인 『초상』을 읽어나가며 사비카스의 진로구성주의 관점에서 젠트리 가문 출신의 조이스가 예술가로서 자신의 초상, 즉 작가로서 소명을 주도적으로 실행해나가기 위한 내러티브 정체성을 진로고민, 집착, 자아 이상, 직업적 흥미(사람, 장소, 문제, 방식), 생애대본, 인생모토를 중심으로 재구성해보았다. 조이스는 20대 초반 생계와 천직 사이에서 갈등하며 작가로서 자신의 진로를 주도적으로 실행해 나가기 위해 필요했던 정체성은 다섯 가지 요소를 갖는다.

먼저 유년기부터 친구, 교사에게 폭력, 조롱 등의 시련을 겪으면서도 오히려 가해자로부터 인정과 사랑을 갈망하며 수치심을 참고 굴종했던 연약함과 소심함과 무경험으로부터 벗어나고자 하는 집착이 있었다.

두 번째로 이런 결핍, 부족함으로부터 벗어나기 위해 에드몽 단테스처럼 배반과 시련을 겪으면서 신체적으로나 재정적으로 강력해지는 것뿐만 아니라 지적으로 성숙해지고, 정서적으로 강인하기에 전 유럽을 떠돌며 온갖 모험을 즐기고 인정에 흔들려 복수를 주저하지 않는 단호함을 가진 자아 이상을 갈망했다.

세 번째로 떠들썩한 장소에서 자신보다 뒤떨어지는 사람들과 어울리기보다는 외딴곳에서 고독을 향유하며 철학적, 미학적 주제를 사색하며 시와 소설을 통해 선명한 빛과 전일성과 조화를 갖춘 미적 이미지를 창조하기를 선호했다.

네 번째로 코미 신부로부터 성직자의 길의 제안을 받지만, 그와 같은 진로의 생애대본이 결코 자신의 집착과 자아 이상에 걸맞지 않는다는 것을 알고 주저 없이 거부하고 바닷가에서 자신의 이름에 담긴 뜻 —스테파노스의 시련과 다이달로스의 창조성—을 깨닫는 에피파니의 경험을 하면서 예술가로서 자신의 새로운 생애 대본을 분명히 파악하게 된다.

다섯 번째 대학재학 시절 친구 크랜리와 나누는 대화 속에서 자신의 예술가로서 진로의 모범이 되는 전설적 장인 다이달로스에게 예술가로서의 창조의 고독한 길을 두려움 없이 용기를 갖고 정진하게 해줄 것을 기도한다.

이민진의 『백만장자를 위한 공짜 음식』

1. 진로고민과 갈등, 결정의 포기와
새로운 진로소망의 과정

조이스의 『젊은 예술가의 초상』이 자전적 소설이었던 만큼이나 이민
진의 『백만장자를 위한 공짜 음식』 역시 단연코 이민진의 자전적 소설
이다. 다만 앞 작품과 달리 뒤 작품의 주인공 케이시 한은 작가의 길이
아닌 모자 디자이너의 길을 선택한다. 그러나 이후에 상론하겠지만 케
이시 한의 모자 디자이너 길 속에서 이민진은 작가적 정체성을 구현한
다. 『백만장자를 위한 공짜 음식』 출간 10주년을 맞아 쓴 작가의 말에서
이민진은 자신이 25세에 변호사를 그만두고 비로소 작가의 길을 선택
한 것이 아니고, 이미 고교 시절과 대학재학 시절부터 작가로서 자신의
재능과 꿈을 발견하였음을 확인할 수 있다. 그런 점에서 이민진의 첫
장편소설 작품인 『백만장자를 위한 공짜 음식』은 케이시 한이라는 자기

의 분신을 통해서 젊은 시절 작가로서 자신의 진로결정 과정에서 겪었던 고민과 갈등 그리고 성찰이 담겼다고 볼 수 있다.

조이스의 작품과 달리 이민진의 작품은 분량상으로도 2배 이상의 장편소설이며 전자처럼 주인공 스티븐 디덜러스에게만 초점이 맞춰진 것이 아니라 여러 등장인물의 관점이 함께 서술되는 일종의 다성주의 시점을 취하고 있다.[1] 이 작품에는 케이시 한의 진로결정 과정에서 그녀의 욕망, 신념, 가치뿐만 아니라 그녀가 관계 맺는 여러 타인의 관점 및 이들의 성장, 발달배경에 대한 서술이 공존하면서 교차한다. 그에 따라 케이시 한의 진로결정 과정에서 고려해야할 다양한 발달적, 사회문화적, 대인 관계적 맥락을 풍부하게 밝힐 수 있고 그녀의 진로에서 내러티브 정체성의 구성과정을 조이스의 작품보다 훨씬 더 현실적 맥락에 가깝게 분석하고 비평할 수 있다.

■ ■ ■ **진로고민과 결정 과정에서**
   관심, 통제, 자신감 결여로 인한 행위주체성 부족

『백만장자를 위한 공짜 음식』의 첫 문장 "능력은 저주일 수 있다"(I, 13)는 **능력과 욕망의 불일치에서 오는 케이시 한의 진로고민**[2]을 압축적으로 말해준다. 케이시 한은 한국인 이민자로 맨해튼에서 세탁소를 운

---

1. 이런 다성주의 시점의 고전적 사례가 도스토옙스키의 소설들이다. 러시아 언어학자이자 문학비평가인 바흐친Bakhtin은 도스토옙스키의 작품분석을 통해 다성주의 시점을 체계화했다.
2. 이하 고딕체 글씨는 질적 분석을 통해서 찾아낸 주요 개념들에 해당하며, 큰 번호의 제목들은 범주, 작은 번호의 소제목들은 하위 범주에 해당한다.

영하는 근면하고 힘겨운 삶을 사는 부모를 두었고, 블루칼라 노동자가 모여 사는 뉴욕 퀸즈[3] 출신이다. 그렇지만 그녀는 프린스턴 경제학과를 준 최우등 성적으로 졸업하고 22세가 되어서도 '번듯한 삶과 성공을 선택해야 한다는 강박관념'(I, 13), '안정된 직장을 가져야 한다는 이유'(I, 17)로 '모호한 꿈'(I, 17)이지만 '화려함과 통찰'(I, 13)에 대한 갈망을 포기하고 싶지 않다. 유사한 출신 조건과 능력의—한국인 이민자, 알래스카 출신의 하버드와 하버드 경영대학원 졸업—테드(엘라의 남편)는 자신의 인생에서 원하는 것이 무엇인지, 즉 '돈, 지위, 권력'(I, 151)을 이미 알아냈고 번듯한 직장에서 성공을 이루어가고 있다. 그러나 케이시는 '자존심과 통제력, 영향력'(I, 151)을 손에 쥐고 싶다는 막연한 생각만 있을 뿐 자신이 무엇을 원하는지 아직 확실히 모른다. 이런 고민은 소설의 중반을 넘어선 부분에서도 여전하다. 동거 중인 연인 은우와 TV로 야구경기를 보면서 케이시는 재능도 노력도 부족해 보이는 투수가 엄청난 연봉을 받는다는 사실에 화를 내면서도 '똑똑하고 열심히 일하면 뭐하나, 뭘 해야 하는지 모르는데'라며 다시 엄습해오는 '인생에서 실패했다는 기분'(II, 57)에 여전히 사로잡혔다.

모호한 꿈과 미지의 욕망만을 갖는 케이시는 당연히 **자신의 진로관심과 통제**(Savickas, 2013)**에서 부족함**을 내보인다. 대학 4학년 때 모두가 선망하는 월스트리트 금융투자회사 컨 데이비스 단 한 곳만 지원서를 낸다. 그녀는 면접 때에는 '군청색과 짙은 회색 차림의 면접관 여성들'과 달리 '노란 실크 정장 차림'(I, 17)이다. 그녀는 페미니즘 관련된 낸시

---

3. 퀸즈에는 동양계와 남미계가 둘 다 많고 흑인도 많다. 퀸즈에 속한 플러싱이란 지역은 거주민의 다수가 중국계 이민자와 화교, 그리고 한국계 재미교포 등이 거주한다.

레이건 농담을 한다. 결국 그녀는 준비, 태도 문제로 떨어지고 만다. 반면 자신의 능력과 욕망을 정확히 아는 테드는 높은 진로관심과 통제력을 가졌었다. 하버드 졸업 후 여덟 개 은행에 지원해서 일곱 군데 합격하고 초대형 투자은행에서 4년 근무하고 장학생으로 하버드 경영대학원을 나온 후, 자신을 유일하게 떨어뜨린 컨 데이비스를 선택해서 4년 만에 상무이사에 오른다(I, 96-7).

케이시는 결국 엘라의 부탁을 받은 테드의 소개로 자신의 학위나 성적에 걸맞지 않은 컨 데이비스의 보조직원으로 채용된다. 평일에는 풀타임으로 일하며, 주말에는 사빈의 백화점 파트타임 판매직원으로 고달픈 일상을 꾸려온 지 2년 반이 지난다. 이제 그녀는 컬럼비아 로스쿨 입학 연기신청을 반려한 상태에서 '또다시 빌어먹을 갈림길'에 선다.(I, 284) 그녀는 '이제 결정을 내리고 행동에 옮길 때'(I, 284)라는 것을 알지만 경영대학원 입학한다고 직장을 잡을 수 있다는 보장, 해고당하지 않고 안정되게 일할 수 있을 거라는 **자신감**(Savickas, 2013)**을 갖지 못한 채 진로 미결정 상태**에 놓인다.

케이시는 경영대학원 진학을 결정했지만, **확신은 여전히 부족했고 막연한 기대와 별 볼 일 없는 결말에 대한 두려움에 사로잡혀 행위주체성**agency**을 잃어가는 중**이다. 동생 티나를 오랜만에 만났을 때에도 대학원 진학을 했다는 사실을 말하지 않는다. 비록 새로운 일에 도전하지만 "지금 이 순간 이후 자신에게 어떤 인생이 펼쳐질지 상상하기 어려웠고 […] 또다시 실패할지 모르니까."(I, 356) 대학원 1년을 보낸 후에도 투자은행 여름 인턴 자리를 얻지 못한 케이시는 흥미와 이해가 없음에도 신용카드 채무 때문에 시장조사 기업 스클라닷컴의 제의를 거절하지 못한다(II, 86). 그녀는 한편으로는 "학교로 돌아간 것이 값비싼 실수의 반복이 아니기를, [⋯] 여름 인턴 자리가 이 모든 의문에 대한 답이 되어주기를"(I, 157) 막연히 바라면서 다른 한편으로는 "퀸즈 서민 동네 밴클릭 스트리트에서 들려오는 [⋯] 대체로 한심한 결말"을 상기하며 "자신의 결말 역시 결국은 별 볼 일 없는 것이 되지 않을까 두려웠다."(II, 167)

▪▪▪ 목표했던 진로의 포기와
모자 디자이너로서 새로운 진로에 대한 소망과 상상

2개월의 인턴 생활 끝에 케이시는 과거 직장 동료였던 휴를 통해 자신의 합격이 내정되었다는 사실을 알게 된다. 그런데 그 순간 그녀에게 컨 데이비스에서 금융투자 브로커로 일을 한다는 것이 어떤 의미인지를 다시 한 번 새겨본다.

> "경영대학원을 졸업하고 나서 컨 데이비스에서 일하게 된 것이다. 다시는 돈 걱정을 안 해도 된다. 2년만 일하면 학자금 대출을 다 갚을 것이고, 그러고 나면 아파트를 사고 부모님을 도울 수 있을 것이다."(II, 433)

그뿐이다. 이것은 열정이나 보람과는 아무 상관도 없다. **금융투자 브로커로서 일은 그냥 삶이 좀 더 편해지고 부모님에 대한 죄책감을 덜어내는 일일 뿐**이다. 얼마 후 실제로 상사 찰리는 케이시에게 합격 소식을 알리지만 대학원 졸업 후 아이비리 대학 졸업생 누구나 가장 선망하는 직장의 정규직 제안을 그 자리에서 수락하지 않고 미룬다. 컨 데이비스 입사라는 한정된 파이를 놓고 각자의 재능과 노력을 뽐내며 **잔인한 경쟁을 벌여야 하는 상황에서** 그녀는 합격했음에도 정작 기쁨을 느끼지 못하며, 반면 원하는 것을 얻지 못해 실패의 고통을 맛보는 동료 인턴들에게 연민을 느끼면서 **모두에게 "비극은 다양한 크기로 […] 덮친다"**(II, 449)는 것을 자각한다.

케이시는 헤어졌던 은우와 재회하고 그가 자신의 투자신념에 어긋나는 브로커 직업을 완전히 그만두고, 고등학교 통계와 미적분 파트타임 교사라는 진로를 택했다는 사실을 듣는다. 그녀 역시 **금융투자 브로커의 일이 능력을 발휘하고 인정받을 수 있는 직업임도 불구하고 어떤 열정도 성취감도 느낀 적이 없었다**는 사실을 깨닫는다. 소설 첫 구절에서 "능력은 저주일 수 있다"(I, 13)는 케이시의 생각을 이미 아는 것처럼 소설의 결말 부분에서 은우는 "어떤 면에서, 좋아하지 않는 일을 할 수 있다는 건 비극이야"(II, 464)라고 말한다. 케이시는 은우와 자신의 생각이 똑같다는 사실을 알고 자신도 모르는 속내를 내뱉고 만다. "정규직 제안은 받아들이지 않을 것 같아. […] 경영대학원에도 돌아가지 않을 것 같아."(II, 465)

케이시는 경영대학원에서 자신의 모습이나 컨 데이비스에서 브로커 생활을 상상하기 어려워한다(II, 466). 왜냐하면 금융투자의 브로커라는 직업은 그녀에게 부채 청산과 아파트 구입, 부모에 대한 죄책감 덜기와 같은 의미 그 이상도 이하도 아니기 때문이다. 문득 은우는 이런 제안을 한다.

"넌 모자를 만드는 게 어때?" 은우는 말했다. 케이시는 웃음을 터뜨릴 뻔했다. "그거 해서 돈 못 벌어." "언제부터 네가 돈을 원했다고?" […] 케이시는 모자 디자이너로 일하는 자신의 모습을 상상해보았다. 그건 불가능하지 않았다.(II, 466)

사실 소설의 마지막 절에서 케이시의 진로결정과 이탈 그리고 새로운 결정 과정을 보면 너무 감상적이고 비합리적이고 충동적으로 보인다. 치열하게 경쟁을 해놓고 정작 정규직 제안을 받고도 기쁨을 느끼지 못하는 자신과 정규직 제안을 받지 못해 고통을 느끼는 인턴 동료들 모두를 비극적 인물로 규정한다는 점에서 너무 감상적이다. 투자금융의 브로커 일이 열정도 성취감도 주지 못한다는 사실을 확인하기 위해 1년간 경영대학원을 다니고 여름 2개월 동안 죽을힘을 다해 일했다는 점에서 그녀의 입사포기 선택은 말 그대로 비합리적이다. 또한 정규직 제안도 받아들이지 않고 경영대학원도 돌아가지 않겠다는 결심은 케이시 자신도 미처 모르던 속내였다는 점에서 그녀의 결정, 더욱이 돈벌이도 안 되는 모자 디자이너로 일하는 것을 상상하는 것은 불가능하지 않다는 이유로 진로방향을 바꾸는 것은 충동적이라고 밖에 달리 말할 수 없다.

2. 진로의 정체성과 소명의 모색

그러나 이런 진로결정 과정에서 현상적으로 나타나는 감상성, 충동성 비합리성만을 보고 케이시의 진로결정을 평가한다면, 그것은 이민진 작품에 대한 피상적 이해다. 왜냐하면 이런 진로고민의 이면에는 케이시의 또 다른 모습, 즉 **진로 속에서 자신만의 정체성을 찾고 실현하고 싶어 하는 갈망**이 있었기 때문이다. 케이시가 파트타임으로 근무하는 백화점의 사장 사빈은 진로결정을 미루는 케이시에 대한 연민과 답답함 때문에 실패하더라도 목표를 향해 도전하라고 압박하지만 케시는 사빈에 반발한다.

> 자신의 능력에 비해 너무나 보잘것없다고 했던 일자리를 고른 자신의 선택, […] 빌어먹을, 로스쿨을 선택하지 않은 것은, 티나처럼 의대를 선택하지 않은 것은 그녀 자신의 결정이었다. 왜 천천히 내 길을 찾으면 안 되지? 왜 실패하면 안 되지? 미국에서는 그렇게 하라고들 하지 않나. **나 자신을 찾고, 내게 어울리는 색깔을 찾아야 하는 것 아닌가.**"(I, 289; 강조는 인용자에 의함)

이런 그녀의 반발, 비결정의 결정이 변명이나 합리화가 아니라는 것을 우리는 알 수 있다. 왜냐하면 경영대학원 진학을 누구보다 압박했던 사빈이 정작 컨 데이비스에서 여름 인턴 자리를 얻은 케이시에게 자신의 백화점 사업을 맡아달라는 엄청난 제안을 하며 투자금융 분야에서 일 해보려는 케이시를 말리는 장면에서 그녀는 눈물에 가득 찬 목소리로 다음과 같이 호소하기 때문이다.

> "사장님은 왜 가난한 사람에게는 선택권조차 없는 것처럼 행동하시는 거예요? 저는 그럼 저한테 주어진 걸 무조건 받아들여야 해요? 항상 황송해야 하냐고요."(II, 172)

누구보다 케이시가 일과 관련해서 존경하고 사랑하는 사빈이기에 그녀에게 표현하는 케이시의 이런 반발과 호소에는 자신의 선택, 결정에 대한 진심이 담겼다. 즉 그녀는 자신의 삶에 대한 행위 주체성을 전적으로 잃은 것은 아니다.

그런데 행위 주체성보다 더 중요한 것은 자신의 **진로에서 소명을 찾**

고자 하는 케이시의 영혼을 위한 싸움이다. 케이시는 프린스턴 재학시절 은사인 고赦 윌리엄 교수로부터 들은 '자신의 영혼을 위한 싸움'을 상기하며 매일 성경을 한 장씩 읽고 메모하는 습관을 갖고 있었다(I, 75-6). 기독교 신도와 전혀 앞뒤가 맞지 않은 생활을 하였음에도 불구하고 케이시는 하느님을 찾으며 이제 무엇을 해야 할지 실마리를 얻고 싶어했다(II, 196). 케이시가 컨 데이비스에서 여름 인턴을 하는 중에 은우와 함께 카지노에 들렀을 때 호텔에서 읽고 적은 고린도 인에게 보내는 바울의 첫 번째 편지의 한 구절 "각 사람은 부르심을 받아 그 부르심에 그대로 지내라"(II, 197) 속에서 그녀가 여전히 자신의 선택이 진짜 자신의 길인지, 그것이 자신의 소명인지에 대한 답을 구한다는 것을 알 수 있다.

3. 진로의 문화적 맥락들

 케이시의 진로고민, 미결정과 정체, 결정과 이탈 그리고 새로운 결정과정은 우선은 능력과 욕망의 불일치에서 시작되어 현상적으로는 감상적이고 비합리적이고 충동적인 결정처럼 보이지만 그 이면에서 정체성과 소명 추구의 진정성을 지닌다는 점에서 케이시의 진로결정 과정에는 긴장이 놓여있다. 사비카스은 진로상담은 긴장tension에서 주의attention을 거쳐 지향intention으로 나아가야 한다고 말한다.

 상담은 **긴장**tension을 **주의**attention[…]로 전환하는 것이다. 내담자가 자전적인 추론에 관여함에 따라, 그들은 그들에게 무엇이 중요한지, 그리고 그들이 가족과 공동체에 중요한 작업 활동에서 그것을 어떻게 표명하는지를 이야기한다. 상담은 내담자로 하여금 이탈dislocation[탈구] 혹은 전환을 자신의 정체성 내러티브를 수정할 수 있는 혹은 새로운 스토리 라인을 시작할 수 있는 기회로서 바라보도록 격려한다. 상담실무자는 내담자로 하여금 그들 자신의 가치와 삶의 목표의 발견을 안내함으로써 **주의**attention를 자기-규제적인 **지향**intention으로 바꾸도록 도움을 준다.(Savickas, 2011, 130-1; 강조는 인용자에 의함)

케이시의 진로결정의 외면과 이면 간의 긴장으로부터 왜 그녀가 그런 갈등에 처하게 되었는지에 대한 주의를 요구하게 된다. 이를 위해 케이시의 진로결정 행동에 영향을 미치는 여러 문화적 맥락들에 대한 탐색이 필요하다. 맥락적 진로 이론에서 맥락을 다음과 같이 설명한다.

한 사람의 삶에서 맥락은 자신의 생애 진로 경로에서 모든 상황과 변수를 포함하는 광범위하고 포괄적인 개념을 나타낸다. 내러티브 의미-만들기는 이러한 맥락 내에서만 일어난다. 또한 생애 진로 경험들과 사건들에서 파생되는 맥락적 의미는 항상 얽혀 있기 때문에 생애 진로 생태 체계는 역동적이고 상호 작용하는 관계를 이해하는 것이 매우 중요하다.(Chen, 2011, 25)

케이시의 생애 진로 경로에서 일어나는 내러티브 의미-만들기에서 행위 주체로서 케이시가 상호작용해야 했던 문화적 맥락은 다섯 가지로 분류할 수 있다. 물론 이 다섯 가지는 서로 얽혀 있을 뿐만 아니라 행위주체로서 케이시와 상호작용함으로써 생애 진로 생태 체계가 형성된다.

■ ■ ■ 기질-양육적 맥락의 제약성

소설 초반에 케이시와 티나가 대학 입학 전까지 함께 썼던 방의 "책상 위 벽에는 학생 시절 받은 온갖 상장들이 액자에 넣지도 않은 채 잔뜩 붙어 있었다. 수많은 상장 중에서 케이시가 받은 것은 사진, 음악, 사회 과목이었고, 티나는 기하학, 종교, 물리, 고급 미적분 과목이었다"(I, 38-9)라는 진술 속에서 케이시가 사회, 예술 방면에, 그리고 티나는 자연과학과 수학 영역에서 능력이 남달랐음을 확인할 수 있다. 먼저 케이시가 가진 예술적 재능은 어머니 리아의 재능으로부터 물려받은 것으로 보인다. 리아는 대개 자신의 옷을 스스로 만들어 입었다. 티나 결혼식을 위한 가족 상견례와 같은 중요한 자리에 필요한 드레스마저도 스스로 만들었다.

> "가벼운 모직 일부 칠부 소매 파란 시프트 원피스였다. 〈보그〉지에 실린 도안에는 젊은 시절 엘리자베스 테일러를 닮은 짧은 갈색 머리 여자가 그려져 있었다. 1950년대 스타일, 단정할 젊은 여자를 위한 드레스였다. 사무실에서 타이프를 치는 직장 여성들이 중요한 자리에서 입을 만한 옷. 도안은 빨간 모직이었지만, 빨간색 옷을 입지 않는 리아는 수레국화색 파란 옷감을 샀다. 좀 더 나이든 여자가 입을 만한 정장을 만들까 하는 생각도 들었다. [...] 스타인러 의상실에 비치된 도안상자 맨 뒤쪽에 외면당한 채 박혀 있는 예쁜 드레스 도안에 너무나 마음이 끌렸다."(I, 447-8)

리아가 잡지나 드레스 도안만 보고도 드레스를 만들 수 있고, 옷을 재단하는 일을 좋아한다는 사실을 알 수 있는 대목이다. 그녀의 이런 옷 재단 능력과 취향은 모자 디자인과 제작에서 본능적 심미안과 남모를 즐거움을 향유하던 딸 케이시의 그것과 연관성이 깊다.

리아는 성악에도 뛰어난 재능을 가졌다. 교회 성가대 지휘자였던 전 선생은 리아를 "키리 데카나와 제시 노먼보다 더 훌륭한 목소리를 갖고 있다"(II, 63)라고 새로운 교회 성가대 지휘자인 찰스 홍에게 자랑한다. 줄리어드 음대출신의 피아니스트, 오르가니스트이면서 유명한 작곡가인 찰스 홍은 리아가 "폭넓고 복잡한 감정을 담아내는 세련된 음성, [⋯] 전 선생이 언급한 소프라노를 연상시키는 목소리"(II, 64)를 가졌다는 것을 발견하고 경이로워한다. 그녀의 노래는 "전통적인 의미에서 갈고닦은 것이라고는 볼 수 없었다. 날것의 슬픔이 들리는 음성, 형언할 수 없는 절절한 한을 표현하는 판소리의 애조를 연상시켰다."(II, 64-5) 리아는 단순히 노래를 잘 부르는 것에 머물지 않고 노래를 부르고 듣는 것을 큰 즐거움으로 삼았다.

> "평생 찬송가를 부르면서 리아는 음악을 통해 성령과 소통함을 느꼈고, 독창을 할 때는 천국의 문이 열리며 주님의 찬미가 쏟아져 내리는 것 같았다. [⋯] 성스러운 음악은 그녀 안의 생명을 북돋워주고, 낙심한 가슴 속에도 주님의 사랑을 비추었다."(II, 59-60)

> "수많은 목소리를 듣고 깊은 감동을 받았다. 하지만 가슴을 후벼 파는 절절한 감정을 언어로 표현할 수가 없었다. 때로 노래로 화답할 수 있다면 좋겠다는 생각이 들 때도 있었다."(II, 81)

이처럼 리아는 음악에 대한 탁월한 재능뿐만 아니라 그런 음악에서 가장 감동을 느낄 수 있는 감성을 가졌다. 그러나 자신이 그런 탁월한 재능과 감성을 가졌다는 것을 자각하지도 못했을 뿐만 아니라 그런 재능을 꽃피워 보고 싶어 하는 야심을 전혀 가져본 적이 없었다. 리아에게 독창을 맡긴 찰스 홍에게 리아가 그것은 공평하지 않다고 거절할 때, 그는 그녀에게 다음과 같이 말하며 화를 낸다.

"한 가지 이해하셔야겠습니다. 저는 공평함에 관심이 없어요. 주님 역시
재능을 나누어주실 때 공평함에 별로 관심이 없으셨던 것 같고요. 보통은
가졌다는 재능이 별 볼 일 없거나 야심만 있기 일쑤인데, 당신은 재능이
있지만 야심이 없어요. 그래서 이런 데 처박혀 있는 겁니다."(II, 81-2)

"겁쟁이처럼 굴지 마세요. 이미 당신은 너무 많은 걸 잃었습니다. 당신이
자기 몫을 챙기려고 싸웠더라면… […] 이래서 한국인과 일하는 것이 싫
어요. 다들 꽉 막혀서는. 팀 전체보다 당연히 당신 자신을 선택해야 할 것
아닙니까."(I, 83)

찰스 홍의 이런 분노에는 리아 그리고 케이시의 진로와 관련해서 중
요한 함의가 담겼다. **패션과 음악 분야에서 뛰어난 예술적 감각과 재능
을 가졌지만, 자신의 재능을 단 한 번도 진로와 연결시켜 생각해본 적
없는 어머니 리아**에게 그런 재능은 "예상치 못하게 덤으로 주어진 아름
다운 선물"(II, 83)이었을 뿐이다. 그녀가 삶에서 할 수 있는 것이라곤
결혼하기 전 10대부터 어릴 적 어머니를 여의고 여섯 오빠와 가난에 시
달리는 목사 아버지의 뒷바라지는 하는 것이었고, 결혼 후에는 근면하
고 자신을 사랑해 주는 남편을 위해 헌신하고 영리한 딸들의 존재에 감
사하고 남편 못지않게 열심히 일하는 것이었다. 1960~70년대 개발도
상국으로서 전근대성을 완전히 벗어나지 못한 한국 사회에서 그녀에게
진로에 대한 야심, 욕망, 꿈이라는 것은 애초에 허락되지 않은 금단의
영역이었다. 미국에 이민 와서 그녀가 할 수 있는 거라곤 아이들 양육
하며 일주일에 6일 동안 세탁소에서 남편과 함께 일하고, 다만 일요일
에 성가대에서 노래를 부를 수 있는 교회가 있다는 것에 감사하는 것뿐

이었다. 리아는 자신의 딸, 케이시에게 예술적 심미안과 재능이 있다는 것을 알아차릴 수 있는 안목도 없었고, 딸에게 자신의 재능을 펼칠 수 있는 진로를 선택하도록 지지하고 격려할 수 있는 여유나 용기는 더더욱 상상할 수 없는 일이었다.

남편 조셉은 부유한 상인 가문의 아들로 응석받이였던 10대에 북한군 징집을 피해 부산으로 내려온 피란민으로 온갖 고생을 하며 청년기를 보냈고, 미군의 심부름, 음식행상, 전구 공장 관리로 일하며 가족을 일구었고, 1970년대 중반 미국으로 이민을 와서 세탁소 관리자로 17년 가까이 묵묵히 일해 왔다. 그런데 조셉에게는 사전만으로 영어를 독학하고 미군심부름 삯을 받을 정도로 학습 능력이 있었고, 게다가 첫 번째 어린 아내가 결핵으로 세상을 떠난 후, 돈 한 푼도 없고 도움의 손길도 없어서 의사가 되고 싶다는 꿈을 접었다(I, 21). 조셉의 학습 능력은 고스란히 두 딸, 특히 둘째 티나에게 전달된 것처럼 보인다. 어머니 리아가 자신과 비슷한 예술적 심미안과 재능을 가진 케이시에게 그런 능력에 걸맞은 진로를 개척해 나가는 모델링을 하기보다는 '내가 아닌 가족을 위한 헌신과 희생의 여자상'을 내사시켰다면, 반대로 티나는 아버지의 지적 능력을 물려받았을 뿐만 아니라 아버지의 편애 속에서 그가 이루지 못한 꿈인 의사의 길을 아무런 갈등 없이 내사시킨다.[4]

리아와 조셉이 기질-양육적으로 케이시에게 끼친 영향은 제목 '백만장자를 위한 공짜 음식'의 의미와도 관련 있어 보인다. 컨 데이비스의 해외자산 부서의 월터는 보조직원 면접을 보러 온 케이시에게 마침 아시아 담당 팀이 따낸 계약에 대한 한턱으로 내놓은 인도 음식에 대해서

---

4. 모델링과 내사의 구별은 사비카스(2011, 88), 본서(74) 참조.

"이건 백만장자를 위한 공짜 음식"(I, 162)이라고 말해주며 이렇게 덧붙인다.

> "웃긴 건 이 사무실에는 연봉이 무려 일곱 자리나 되는 사람들도 있는데, 그런 백만장자들이 누구보다 앞장서서 접시를 채운다는 거예요. 부자들은 공짜라면 사족을 못 쓰거든요."(I, 162)

백만장자란 재능, 노력, 행운의 산물일 것이다. 반면 공짜 음식은 재능과 노력과 행운을 넘어서는 향유를 향한 욕망을 상징한다. 테드와 같은 월스트리트의 백만장자 브로커들은 이런 욕망을 정확히 알고 거기에 충실한 자였기에 성공가도를 달렸다. '이 세상에 공짜 음식 같은 건 없다'(I, 163)고 믿는 조셉과 리아 같은 부모는 생존과 안전을 넘어서는 욕망에 대해서는 철저히 금욕하는 자였기에 평생 세탁소 관리자의 지위를 넘어서지 못했다. **케이시는 테드처럼 자신의 욕망에 충실하고 싶지만 그 욕망이 무엇인지 모를 뿐만 아니라 여전히 부모의 금욕적이고 근면한 태도에 대한 존중의 감정을 지녔기에 자신의 향유적 욕망에 대한 죄책감을 지니고 있었다.**

이처럼 케이시가 진로고민과 갈등을 하는 과정에서 첫 번째 주목해야 하는 맥락적 요소는 일차적으로는 아버지에게 물려받은 지적 능력, 어머니에게 물려받은 예술적 감각과 재능과 같은 기질적 맥락이다. 그러나 **기질적 맥락은 양육방식과 관련될 때 의미가 있다. 그런 타고난 재능이 발견되고 개발되고 발휘되는 과정에서 어머니 리아의 헌신적이고 희생적인 양육 태도와 아버지 조셉의 금욕적 양육 태도는 케이시에겐 결정적인 제약적 맥락 조건이 되었다.**

■ ■ ■ 한국계 미국인 부모 세대 자녀의
진로에 대한 마스터 내러티브

대개 1960, 70년대 미국으로 이민을 간 한국계 이민자에게는 자녀의
명문대 학벌과 번듯한 직장만이 자신이 미국에서 거주하며 겪어온 수
많은 차별을 견뎌내는 자부심이 되었다. 이것은 **한국계 미국인에게는
자녀의 학벌과 진학과 관련해서 마스터 내러티브가 된다.**

> "돈을 벌고 싶으면 경영대, 생명을 구하고 싶다면 의대." 법률, 경영, 의
> 대라는 세속적인 삼위일체가 이 도시의 유일신인 것 같았다. 뉴욕 출신
> 이민자 여학생이 감히 자신의 진로를 선택하려 하다니 오만한, 어쩌면
> 경솔한 짓이었을 것이다.(I, 17)

아버지 조셉은 누구보다 확고하게 변호사와 의사만이 진짜 직업이
며, 의사라면 무조건 외과 의사가 최고라는 경직된 전근대적 직업관을
갖는다. **이런 조셉의 직업관은 그의 두 딸의 진로결정에서는 또 다른
억압적 맥락 조건으로 작용한다.** 소설 초반에 조셉이 케이시와 진로와
관련해서 심한 갈등을 빚는 장면에서 가장 상징적인 말은 다음과 같다.

> "네가 선택할 수 있는 진로는 알고 있을 게다." 케이시는 고개를 끄덕였
> 다. "진짜 직장을 다니든가." 아버지는 말했다. "로스쿨에 가든가. 모자
> 파는 일은 진짜 직장이라고 할 수 없어. 시급 8달러를 벌려고 8만 달러
> 짜리 대학에 다니다니. 그보다 한심한 소리는 내 들어본 적 없다. 기껏
> 졸업해서 머리핀이나 팔 생각이었으면 프린스턴은 왜 다녔냐?"(I, 26)

아버지 조셉에게 대학은 '진짜직장'을 얻기 위한 철저히 수단일 뿐이
다. 반대로 케이시가 프린스턴 경제학과를 준 최우등으로 졸업했지만

그녀가 대학에서 배운 것은 세련된 화법, 부러움을 사는 골프실력, 부자친구들, 인기 많은 백인 남자친구였다. 그리고 조셉이 원하는 케이시의 진짜 직업은 변호사다. 그러나 그녀는 컬럼비아 로스쿨을 합격했음에도 불구하고 입학하지 않는다. 그나마 컨 데이비스 투자금융 회사의 브로커 될 수 있는 길도 포기해 버리고 모자 디자이너가 되길 소망한다. 정말 첫째 딸 케이시의 학업과 진로는 아버지 조셉에게는 도저히 이해될 수 없는 기함氣陷할 이야기다.

티나가 의대에 진학할 때까지 그녀는 조셉에게 미래 외과 의사로서 큰 자랑거리였다. 그러나 정작 티나 결혼식 전날 그녀는 조셉에게 외과가 아니라 내분비학과를 전공할 것이라고 말했고 더군다나 임상보다 연구에 더 흥미가 있다고 조심스럽게 말한다. 조셉은 이 변화가 너무나 충격이었다. 조셉은 충격에서 헤어나지 못한다.

> 케이시가 로스쿨에 가겠다던 마음이 바뀌지만 않았어도, 프린스턴을 졸업한 뒤 월스트리트에서 멍청한 보조 일자리를 얻었다가 컬럼비아 대학교 로스쿨 합격증을 내던지고 뉴욕대 경영대학원에 가겠다고 저러고 있다니. […] 변호사가 될 수 있는 사람이 도대체 왜 경영대학원에 간단 말이야? 게다가 티나는 무슨 연구를 한다는 걸까? 환자를 돌보지 않고? 티나가 한 말이 그런 뜻인가? 오랫동안 그는 티나가 환자를 만나는 진료실을, 그녀가 수술실에서 일하는 모습을 꿈꾸어왔다. 사람의 목숨을 살리는 모습을, 그 꿈은 조셉의 가슴을 자부심과 행복으로 뿌듯하게 해주었다. […] 한데 지금 무슨 소리를 하고 있단 말인가? 이건 그녀의 인생이다. 왜 자기 인생을 그렇게 함부로 살려고 드는지.(I, 455)

평생 동안 생존과 안전이 욕구할 수 있는 전부였던 조셉에게 TV 드

라마처럼 펼쳐지는 성공적인 진로 내러티브로서 외과 의사와 변호사의
진로는 각각 생존과 안전의 마지막 보루처럼 여겨지는 게 당연하다. 자
녀들의 진로의 성공에 대한 조셉의 욕구는 결코 속물적이지도 탐욕적
이지도 않다. 다만 그의 진로관은 전근대적 직업관에 머무른다. 스리프
트와 아문트손(Thrift & Amundson, 2005)에 따르면 전근대사회에 널리 가
졌던 믿음은 개인의 합리적 능력, 욕망, 삶의 목적 위에 군림하는 초월
적 힘의 결정론과 주권에 있었다. "한때 응석받이였던 10대 소년은 전
쟁 피란민으로 전락해서 […] 지저분한 수용소에서 지내며 이성도 도덕
관념도 잃어버린 나이 많은 피란민들에게 이용당하기 일쑤"(I, 21)였다.
당연히 그에게 군인과 경찰과 검사, 변호사, 판사 같은 법을 다루는 사
람은 안전을 보장하는 초월적 권력과 주권을 지닌 자이다. 또한 "사랑
했던 동갑내기 아내가 […] 결혼 1년 만에 결핵으로 세상을 떠났"(I, 21)
던 그에게 의사는 생명을 보장하는 또 다른 초월적 권력과 주권자다.
문제는 이런 조셉의 전근대적 직업관이 딸들의 "진로 행동의 전망을 외
부적 통제소재의 문제로 만들어버리고, 선택과 행위 주체성은 거의 주
어지지 않게 만들었다"(Watson & Kuit, 2011, 74)는 점이다.

이것은 조셉의 직업관에만 국한되지 않는다. 소설 속에서 **한국인 이
민 1세대들에게 자녀가 명문대와 번듯한 직장을 다닌다는 것은 가장
큰 자부심이라는 점**이 반복적으로 기술된다. 교회 성가대 지휘자였던
전 선생은 로스앤젤레스에서 마취과 의사로 일하는 아들이 '그의 인생
의 한줄기 빛'(II, 61)이었다. 고 여사가 교회에서 유명한 것은 남편과 사
별하고 퀸즈 빌리지 생선가게 계산대에서 하루 열두 시간씩 근무한다
는 사실이 아니라 그의 세 아들을 모두 하버드에 보냈다는 사실이다(II,
75). 테드의 어머니는 테드가 델리아와 바람이 나고 엘라를 버린 것 때

문에 그를 용서하지 못하지만, 아들이 하버드를 나오고 하버드 경영대학원을 다닌 것을 자신의 죽은 남편이 모든 사람들에게 자랑하고 다녔다는 점이 유일하게 아들이 아버지에게 효도한 점이라는 것은 인정한다(II, 252).

한국계 이민 1세대가 진로에서 학벌과 번듯한 직장을 마스터 내러티브로 삼는 것은 자녀들의 진로에 강력한 맥락적 요인으로 작용한다. 케이시는 대학 졸업 후 4년이 흘러 컬럼비아 로스쿨을 포기하고, 5위권에 들어오지 못하는 뉴욕 경영대학원을 진학하고 원하는 여름 인턴 자리를 구하지 못하면서 "아버지가 늘 하던 말―브랜드가 중요하다―을 이해할 수 있었다."(II, 159) 그녀는 "아이비리그 학위가 주는 어마어마한 특권과 보호를 미처 깨닫지 못하고 있었던 것이다."(II, 160)

■ ■ ■ 미국 사회에서
가난한 한국계 미국인 여성에 대한 차별적 시각

출신에서는 케이시와 다를 바 없지만 금융인으로 일하면 정석적인 궤도에서 성공가도를 달리고 있는 한국계 미국 남성인 테드는 케이시의 진로결정 과정에서 겪는 어려움을 조롱하고 비웃는다.

이 여자의 가장 웃긴 점은 자기가 만들어둔 인맥이 있을 텐데도 자존심이 너무 강해서 사용할 생각조차 안 한다는 것이었다. […] 그녀는 자기가 백인보다 못할 게 없다고, 세상은 공평하다고 생각하는 한국 여자였고 그런 그녀가 이런 지경에 처한 것을 보니 고소했다. 같은 이민자 동족에게 손바닥만 한 집구석을 빌려 눈을 붙이고, 또 다른 동족에게 일자리 좀 얻어

달라고 굽실거리는 상황이라니. 지금 당신 백인 친구들은 다 어디 계신가? 그는 묻고 싶었다. 그녀는 돈 많은 백인 여자처럼 굴고, 테드는 인생이 스스로를 그리 오래 속이도록 내버려두지 않는다는 것을 알고 있었다. 인정하지 않을 수 없었지만, 그런 면에서 인생은 상당히 공평하다. […] 테드 김은 그녀가 프린스턴에 다니기만 했을 뿐 프린스턴에 속하는 존재는 아니라는 사실을 가학적으로 일깨우고 있었다.(I, 149-150)

테드가 가정하는 공평함에 대한 케이시의 믿음과 테드 본인의 공평함에 믿음은 분명 다르다. 테드가 보기에 케이시는 한국 여성과 백인 여성 사이의 차별은 없다고 믿지만, 케이시의 그런 착각과 오만이야말로 그녀를 대학 졸업하고도 현금 한 푼 없고 동족에게 얹혀살고 또 다른 동족에게 취업부탁을 하는 처지에 놓이게 만들었다는 점에서 공평하다는 것이다. 테드가 보기에는 미국 사회에서는 똑같이 아이비리그를 나와도 한국 여성인가 백인 여성인가는 엄연한 차별로 작용한다. 케이시의 처지에 대한 테드의 이런 가학적 평가는 **미국 사회에서 진로와 관련해서 한국 여성이 감당해야 하는 차별적 현실**에 대한 방증이다.

경영대학원 진학을 케이시에게 재촉하는 사빈의 말 속에서도 취업에서 가난한 한국 여성의 어려움을 간접적으로 읽어낼 수 있다.

> "그럼 서둘러야지. 이제 지원 접수 마감이 일주일밖에 안 남았잖아? 어서 원서를 보내야 할 거 아니야." "케빈은 경영대학원이 인맥이나 쌓는 곳이래요. 인맥은 재능이 없는 사람한테나 필요한 거라고." 케이시는 마지막 말을 하면서 웃었다. "넌 케빈이 아니잖아." 사빈은 케빈이 가난한 집안의 한국인 여자가 아니라는 뜻으로 한 말이었다.(I, 285-6)

사빈 역시 테드와 동일하게 가난한 한국 여성이 취업을 하기 위해서는 재능, 학벌만으로는 부족하고 인맥의 도움을 받아야 한다고 여긴다. 결국 케이시의 진로에서 독립성, 자율성의 추구는 가난한 한국 여성에 대한 미국 사회의 차별의 현실을 무시한 착각이요 오만이며 결국은 이런 태도는 그녀의 진로결정 과정을 힘들게 만들 것이다.

■ ■ ■ 미국 자본주의 사회 진화론적 경쟁지상주의에서 낙관주의와 숙명론

케이시의 진로의사 결정과정에서 어려움을 낳는 맥락적 요인 중에는 좀 더 거시적 차원에서 보면 경쟁지상주의 사회의 첨단인 뉴욕의 두 카운티 맨해튼과 퀸즈에서 들려오는 각기 다른 두 가지 이야기와 이데올로기가 있다. 그것은 **맨해튼에 사는 사빈의 사회 진화론적 낙관주의 이야기와 퀸즈의 서민 아파트 엘름허스트에 사는 케이시의 이웃 소니 빌리의 숙명주의 이야기**다.

먼저 더욱 열심히 일하고, 독립적으로 사고하고, 경쟁자가 누구인지 알고, 올바른 길잡이와 필요한 지원을 얻을 수 있다면 반드시 성공할 수 있다고 믿는 사빈은 사회 진화론적 낙관주의 신념을 갖고 있다(I, 288-9). 맨해튼에 멋진 백화점을 소유하며 고급 아파트의 펜트하우스에서 사는 사빈에게 삶은 철저히 '성공'이라는 목표 지향적 진로의 과정이며 삶의 한순간 한순간은 결코 허튼짓으로 결코 낭비할 수 없는 다시 돌아오지 않는 시간이다. 실패가 가치 있는 것은 목표를 향해 가는 과정에서만 맞는 말이다. 이런 사빈의 신념에는 진로로서 삶이란 철저히 개인이 노력을 통해 성공을 향해 계획하고 통제할 수 있는 바, 가치로 측정되는 순간들의 연속이라는 미국적 낙관주의 프래그머티즘이 작동한다. 이런 성공 지향적 낙관주의에서 볼 때, 케이시가 자신의 색깔에 맞는 진로, 자신 고유의 진로 정체성을 암중모색하는 과정은 그 목표가 모호하고 많은 정체와 시행착오를 낳을 뿐이다. 따라서 그런 **사빈의 낙관주의는 케이시의 진로선택과 결정을 압박하는 또 다른 강력한 권력담론이 된다.**

그러나 반대로 케이시가 살던 퀸즈의 엘름허스트 아파트에 사는 서민들에게는 씁쓸한 진로 이야기가 더 많이 들려온다. 소니 빌리라는 이웃은 트럭 운전사 자격증을 땄을 때 그의 부모는 파티를 열어주었다. 팀스틱스 트럭 회사에서 운전사로 일하면 부자가 될 수 있다는 기대 때문이었다. 그 자리에서 소니는 모인 사람들에게 스물다섯 살 이전에 반드시 대형 트레일러 한 대를 사겠다고 호언장담한다. "1년 뒤, 소니는 야간운전을 하는 동안 잠을 쫓으려고 복용하기 시작한 암페타민에 중독되었다. 사고를 두 번 낸 뒤, 그는 회사에서 쫓겨나 메트로폴리탄 미술관 경비 일을 하게 되었다."(II, 167)

케이시가 퀸즈의 서민 동네 밴클릭 스트리트에서 들려오는 사연들, 한심한 결론으로 끝나는 이야기를 상기하는 장면은 바로 평일에는 여름 인턴 야근을 밥 먹듯이 하며 주말에는 사빈의 백화점 모자 부스에서 판매원 파트타임을 일을 하다가 사빈의 부탁으로 페덱스 견본품을 갖고 그녀의 아파트에 들어섰을 때다. 그 이야기가 떠오른 순간, 케이시는 알고 싶었다.

인생이 마음대로 흘러가지 않는다면, 그것은 원래 그렇게 될 운명이 아니었기 때문일까, 혹은 스스로 믿음이 없기 때문일까, 혹은 내가 요구되는 노력만으로는 마음먹은 대로 갈 수 없는 것일까? […] 유난히 기분이

처지는 날이면 케이시는 자신의 결말 역시 결국은 별 볼 일 없는 것이
되지 않을까 두려웠다.(II, 167)[5]

케이시의 이런 숙명주의적인 생각과 두려움은 사빈의 극단적 낙관주
의와 열정과 대조를 이룬다. 그런데 사실 두 가지 담론 모두 케이시의
진로결정 과정에서 부정적 요인으로 작동하는 권력담론이다. 이는 진
로를 성공과 실패라는 이분법으로만 재단하는 그런 권력담론이다.

■ ■ ■ 습관적 맥락: 자기소외적 소비와 쇼핑중독

앞서 언급했듯이 한 사람의 삶에서 맥락이란 "자신의 생애 진로 경로
에서 모든 상황과 변수를 포함하는 광범위하고 포괄적인 개념"(Chen,
2011, 25)이라고 할 때 일차적으로는 행위 주체가 처한 기질—양육적, 문
화적 담론조건을 의미한다. 그런데 행위주체가 상호작용해야 하는 또
다른 맥락은 바로 이전의 상호작용 방식의 결과물로서 형성된 자신의
습관, 자기 자신의 낡은 정체성이다.

케이시의 진로 행동 내지 결정에서 걸림돌이 되었던 그녀의 습관은
우선 **상품소비, 특히 모자와 옷의 구매와 착용을 통해 현재의 자기를**

---

5. 이 대목을 읽으면서 우리는 작가가 『백만장자를 위한 공짜 음식』 출간 10주년을 맞아
   쓴 「작가의 말」에서 케이시와 똑같은 나이의 시점인 1995년 변호사를 그만두고 소설을
   출간하기 위해 11년간 습작을 해오고 2006년 서른일곱 살에서 비로소 이 작품의 출판
   계약을 했다는 내용을 서두와 말미에 적을 때 어떤 느낌이었을지 상상해 본다. 그 11년
   간 부단히 습작을 쓰고 버리길 반복하면서 바로 위에 인용된 이런 숙명주의적인 생각
   과 두려움에 반복적으로 빠졌을 것이고 이런 좌절감은 지속적으로 작가의 창작과정을
   괴롭히는 가장 큰 요인 중 하나였을 것으로 짐작된다.

감추거나 회피하고 결과적으로 진정한 자신의 욕망에 대한 대리만족을 추구하는 자기소외적 소비성향이다.

> 프린스턴에서 4년간 지내며 […] 좋지 않은 습관만 잔뜩 가지고 있었다 (I, 15). 누구나 상품을 통해 형성되는 정체성을 탐하는 것이다. […] 오늘은 사치를 누리고 싶다. 다른 사람이 되고 싶다(I, 78-9). 옷은 끊임없이 바뀌는 환경에서 그녀를 좀 더 번듯한 사람으로 느끼게 해주었다(I, 372). 인생에는 가질 수 없는 것이 수없이 많지만, 약간의 희망조차 없이 살아간다는 것은 견딜 수 없는 일이다. 최소한 이따금 그 소망을 펼쳐보기라도 해야 할 것이다. 케이시에게 그것은 내가 아닌 다른 인생의 아름다움과 이미지에 대한 갈망이었다.(II, 191)

옷을 통해 다른 사람처럼 행세하고 싶다는 것은 현재의 자기 자신 및 현실인식과 거기서부터 문제를 풀어나가려는 의지가 없다는 뜻이다.

> 오늘 밤 이 드레스를 입으면, '스타이브슨 공립고교가 아니라 엔도버 사립학교 출신처럼, 퀸즈 엘름허스트 롤러스케이트장이 아니라 뉴욕 골드엔드실버 사교파티에서 첫 경험을 했던 여자처럼 행세할 수 있다.(I, 372)

케이시가 회피하고 싶은 자기 자신 그리고 현실은 가난한 한국인 이민자 출신의 여성이라는 현실이다. 청소년 시절이라면 케이시 같은 처지, 현실에 놓인 사람의 이런 소비 습관은 그렇게 비난받을 만한 일이 아니다. 그러나 그것이 성인이 되어 자신의 생활을 스스로 감당하고 진로를 결정해야 하는 시점에서는 문제가 된다.

이런 자기소외적 소비는 단순히 생계곤란을 넘어서 사빈의 지적대로 자기혐오와 중독이라는 훨씬 더 부정적인 습관을 낳는다.

"힘든 선택을 하고 그 선택에 따라 살려고 노력한다면 넌 너 자신에게 편안해질 수 있을 거다. 이 모든 네가 진정 원하는 것의 대용품이다. 이 모든 과소비는 단순히 중독에 불과해." 사빈의 음성에는 자신감이 흘러 넘쳤다.(I, 290)

사빈의 지적대로 실제로 케이시의 현실자기 소외적인 소비습관은 생계곤란을 넘어 쇼핑중독과 자기혐오를 낳았다.

최근 그녀는 빚 때문에 잠을 이루지 못했다. […] 적자가 생기지 않도록 예산을 꾸릴 줄도 몰랐고, 예쁜 신상 스커트를 안 사고 배기지 못했다. […] 가장 한심한 것은 빚이 그렇게 두려우면서도 더 많은 것을 누리고 싶은 욕망은 커지기만 한다는 점이었다(I, 274-5). 지금껏 신용으로 구매한 다른 모든 물건이 그랬듯이, 소유하는 순간, 케이시는 물건이 흉하고 보기 싫어졌다. 자신이 통제 불능이고, 이기적이고, 파괴적이고 탐욕스럽다는 사실을 상기시켰기 때문이다.(I, 283)

이런 자기소외적인 소비는 자신이 진짜 원하는 것이 무엇인지를 모르게 만들고, 중독적인 과소비는 생계의 곤란, 자기혐오를 넘어 진로결정에서 생존과 안전이라는 생계의 문제, 돈의 문제 이상을 고려할 수 없게 만들어 버린다. 이것은 조셉과 리아가 성장과정에서 겪어야 했던 시대적인 시련과 고난으로 인해 자신과 가족의 생존과 안전을 우선적으로 생각할 수밖에 없었던 차원과는 다르게 스스로를 "인생에는 돈이 너무 많이 들었다"(I, 275)라는 한심한 푸념 혹은 탄식에 빠지게 만든다.[6]

---

6. 이경재(2023)는 케이시의 이런 성향을 속물snob 개념에 의거해 비평한다. 그러나 비평이 아닌 상담 측면에서 본다면 이런 성향을 전체 맥락 속에서 이해할 필요가 있다.

4. 맥락조건의 틈새,
균열을 만드는 대인관계

  기질−양육과 같은 가족적 맥락, 학벌과 직업에 대한 마스터 내러티
브와 미국 내 가난한 한국 여성에 대한 차별적 시각, 그리고 자본주
의의 성공의 낙관주의와 패배의 숙명주의 등의 권력담론과 같은 문화
적 맥락 그리고 소비성향, 습관과 같은 개인적 맥락은 상당 부분 케이
시의 진로결정에서 억압적 맥락조건이 될 수밖에 없다. 물론 테드처
럼 철저히 이런 맥락조건에 적응적인 진로결정을 한다면 저 맥락조건
을 제약적이라고 여기지 않을 것이고 그 결과는 스테레오 타입의 정체
성일 것이다. 그러나 케이시처럼 자신만의 고유한 색깔에 걸맞은 정
체성을 추구하는 진로결정을 하려고 한다면 이런 맥락조건과의 대결
은 불가피하다. 이민진의 『백만장자를 위한 공짜 음식』의 탁월한 점들
중 하나는 케이시의 진로결정에서 이런 맥락조건들이 만들어내는 지
배적 담론을 더욱 공고히 하거나 균열과 틈새를 만들어내는 데서 다
양한 등장인물들과의 관계가 중요한 역할을 하는 점이다. 윈슬레드
(Winslade, 2011)은 진로상담자의 중요한 역할이 내담자의 대안적 이야기
의 시작점으로서 지배적 담론의 틈새를 발견하는 데 도움을 주는 일이
라고 주장한다.

> "내러티브적 관점에서, 상담자의 과업은 그런 틈새와 모순을 찾아가는
> 것이다. 왜냐하면 이런 틈새와 모순은 대안적 정체성 이야기의 성장을
> 위한 기반을 형성할 수 있기 때문이다."(Winslade, 2011, 56)

■■■ 기질-양육적 맥락의 대안적 역할자로서 사빈

케이시가 어릴 적부터 자신의 영웅처럼 좋아하던 캐릭터 원더우먼의
은팔찌를 사준 것은 사빈이다. 케이시에게 가장 중요한 사빈의 덕목은
그녀의 초등학교 동창인 어머니 리아에게 부족했던 케이시에 대한 관
심과 사랑과 그녀의 재능에 대한 안목과 발굴 능력이다.

> 아이가 없는 사빈은 젊은 직원들을 아꼈고, 케이시 역시 내내 뒷바라지
> 해 주었다. [⋯] 사빈만큼 케이시에게 잘해준 사람도 없었다(I, 31). 사빈
> 의 백화점은 [⋯] 닳고 닳은 뉴욕 쇼핑객들조차 위압감을 느낄 만한 공간
> 이었다. 사빈의 백화점이 패션에 민감한 뉴욕 여성들 사이에서 독보적
> 인 지위를 차지하게 된 것은 사빈 전 고츠먼이 탁월한 디자이너를 발굴
> 하고 육성하는 데 남다른 감각을 갖고 있었기 때문이었다(I, 271). 그녀는
> 퀸즈에서 뛰쳐나온 이 소녀를 사랑했고, 자신이 가진 모든 것을 갖게 해
> 주고 싶었다. [⋯] 감정을 억제하는 것을 경멸하는 사빈은 케이시의 우스
> 꽝스럽고 과한 충동, 때로는 스스로에게 해가 되는 충동적인 성격도 이
> 해할 수 있었다. 그 소녀 안에서 사빈은 번득이는 창조성을 보았고, 그
> 작은 조각 하나를 잘 키워주고 싶었다. [⋯] 케이시에게 자신의 욕망을
> 알 기회가 주어진다면, 사빈보다 더 멀리 나아갈 수 있을 것이다.(I, 324)

앞서 **양육-기질적 맥락**에서 리아는 자신 안에 있던 예술적 재능과
감성을 자각하고 계발하지 못했던 만큼 딸이 가진 미적 감성과 심미안
을 자각하고 계발하도록 지지하고 격려해주지 못했고, 그 역할을 바로
사빈이 대신 해주었다. 사빈은 케이시에게 누구보다 관심과 사랑을 베
풀었고, 누구보다 그녀의 예술적 창조성을 파악할 수 있었고, 누구보다
그녀가 디자이너로서 재능을 펼칠 수 있는 능력을 갖고 있고 환경을 제

공해 주었다. 이런 점에서 케이시 스스로도 "그녀[사빈]는 롤모델이자 조언자, 우러러볼 수 있는 존재자"(I, 281)였음을 인정한다.

역설적인 점은 작품 전체를 통해서 케이시과 아버지 조셉과의 갈등보다 부단히 대립을 드러내는 관계가 케이시와 사빈의 진로 갈등이라는 점이다. 다시 말해 롤모델인 사빈이 케이시에게는 가장 고마워해야할 존재지만 버겁고 부담스러운 존재였다. 왜냐하면 **기질-양육적 맥락**의 아버지와 유사하게 사빈은 케이시에게 사랑을 무기로 종속을 요구하는 성격 스타일이었고, **문화적 맥락**에서 케이시가 부담스러워하는 경쟁지상주의의 사회 진화론적 낙관주의의 전달자로서 패배자에게 가혹했기 때문이다.

그러나 사빈은 자신의 사랑의 방식이 케이시에게는 행복보다는 고통을 줄 수 있다는 것 역시 안다. 그런 점에서도 사빈은 부모인 조셉, 리아와 다르다.

> "난 네가 행복하기를 바라, 케이시." 사빈은 진지하게 말했다. "그리고 아까는 … 미안하다. 올바른 방식으로 널 도울 방법을 내가 몰라서 미안해. 난 그저 사랑하는 방법을 잘 모르는 것뿐이야. 상대를 내 마음대로 하려고 하면 안 되는 건데." 그녀는 울기 시작했다. 지금껏 케이시는 한 번도 성인의 사과를 받아본 적이 없었다.(II, 182-3)

자식의 성공과 행복을 바라지 않는 부모는 없을 것이다. 그리고 부모들은 자신의 양육이 그런 바람을 실현하는 방식이라고 생각하기에 자식들이 부모에게 순응해야 하고 부모를 존중해야 한다고 생각한다. 따라서 자식에게 부모가 자신의 양육방식 때문에 사과한다는 것은 생각도 못 할 일이다. 물론 사빈은 부모가 아니다. 그러나 사빈이 케이시에 대한 자신의 사랑 방식이 문제가 될 수 있다고 자각하고 고백하고 사과한다는 점에서 부모보다 훨씬 현명하다.

소설 초반 케이시가 조셉에게 던진 말, "저한테 뭘 바라세요?"을 듣고 조셉이 분노를 폭발하며 "그래, 지금 당장 너도 죽고 나도 죽자, 그게 낫지 않냐"(I, 28)며 소리치며 딸에게 폭력을 행사할 때, 그는 오랫동안 품고 있었던 "대학에서 공부한 자식들이 언젠가 아버지보다 잘 났다고 생각할지도 모른다는 두려움"(I, 29)이 현실이 되는 것을 경험했기 때문이다. "남자는 화를 내도 괜찮지만, 여자는 곤란하다. 이렇게 멋대로 분을 터뜨려서는 안 된다. 세상 이치가 원래 그렇다. 저런 성격으로 대체 어떻게 살아가려고 그러나"(I, 28)라고 생각하며 케이시의 분노를 전혀 이해하지 못하는 어머니 역시 남편 조셉과 다를 바 없다. 조셉과 리아는 자신의 양육방식이 두 딸에게 그릇된 것일 수도 있다는 생각을 단 한 번도 생각해 본 적이 없었다. 그러나 케이시는 부모의 양육방식의 문제를 정확히 알고 있었다.

> 케이시는 아버지가 겪은 고난에 대해 무심하지는 않았다. 하지만 이제 정말 더 이상 듣고 싶지 않았다. 아버지가 잃은 것은 그녀의 몫이 아니었고, 가슴에 응어리를 품고 싶지도 않았다. 여기는 퀸즈, 지금은 1993년이다. 하지만 부모님의 식탁에 앉으면 언제나 1953년, 한국전쟁이 도무지 끝날 기미가 보이지 않았다.(I, 22)

조셉과 리아는 비록 희생과 헌신, 절제와 근면의 모습을 자식들에게 보여주어 왔지만 두 딸이 앞으로 살아가야 될 현실, 그녀들의 욕구와 부모가 살아왔던 시대와 그들의 욕구의 차이를 이해할 수 있는 성찰 능력이 부족한 것이다. 반면 사빈은 자신의 사랑의 방식의 한계를 잘 알며 또한 그것을 진솔하게 케이시에게 고백하고 사과한다.

■ ■ ■ 진로 마스터 내러티브의 틈새, 균열에서
아이작과 티나의 역할

사빈의 남편 아이작은 무엇보다 케이시에게 어떤 선택, 결정을 강압하기보다는 그녀가 왜 그런 미결정 상태에 있는지, 그녀가 왜 아내의 기대와 다른 선택을 하는지를 잘 이해한다. 다시 말해 한국인 이민자의 번듯한 직장에 대한 신념이 얼마나 뿌리 깊은지 그래서 그것이 케이시에게 어떤 영향을 미치는지를 아이작은 안다. 아이작은 헌터 컬리지를 졸업하고 뉴욕이라는 도시에서 부동산업으로 자본의 피라미드를 기어올라와 성공했다. 그는 백화점을 맡아달라는 아내 사빈의 매혹적인 제안을 케이시가 거절하는 까닭 중에는 부동산업은 지저분한 일이고 백화점 일은 일개 장사꾼에 불과하다는 믿음도 있다고 본다. 아이작은 케이시의 이런 숨은 믿음을 찾아내서 직면시키고 그것이 잘못되었다는 것을 설득하려고 하지 않는다. 오히려 아무리 하급직일지언정 엘리트 증권회사에서 금융인으로 일하며 '정석적인 궤도'(II, 176), 즉 마스터 내러티브를 따르며 인정받고 싶어하는 가난한 이민자의 자녀이자 프린스턴 출신의 케이시의 욕구를 이해한다.

티나 역시 언니 케이시의 선택을 존중하고 지지한다. 왜냐하면 티나는 어릴 적부터 아버지에 대한 언니의 반발을 이해해 왔고, 더욱이 자신의 진로에서 아버지 조셉의 바람대로 사는 것의 틈새를 점차 알아차려 가기 때문이다. 조셉의 양육적 맥락, 한국계 이민자 부모들의 자녀의 진로에 대한 지배적인 담론 혹은 마스터 내러티브에 어긋난 케이시의 진로결정 과정은 일견 아버지 조셉에 대한 충동적인 반발로 보일 수 있다. 그러나 윈슬레이트(2011)가 지적하듯이

> 이러한 [저항의] 반응 속에는 내담자가 소중하게 간직하고 있는holds dear 암묵적인 생애 프로젝트가 놓여있는 경우가 많다. 이런 의미에서 저항은 희망의 표현, 더 나은 것에 대한 욕망의 표현이다.(Winslade, 2011, 57)

티나는 어릴 적부터 아버지 조셉의 사랑을 일방적으로 받았던 반면 케이시는 고등학교 다닐 때부터 1년에 한두 번씩 조셉과 싸우곤 했다. 티나는 아버지를 따랐지만, 언니 케이시 역시 아꼈고 아버지에 맞서는 케이시의 모습에서 존경심과 우아함까지 느꼈다(I, 30). 부단히 아버지의 기대와 정반대 방향으로 자신의 진로를 결정하는 케이시에 대해서 티나는 다음과 같이 말한다.

> "티머시가 언니를 닮았으면 좋겠어." 티나는 말했다. "네 아름다운 아기한테 그런 한심한 소원을 빌다니. 무슨 짓이야." 케이시는 티머시의 이마에 키스했다. "언니는 진심으로 살아가는 사람이니까. 언니는 언니 자신이야. 그게 중요해." 티나의 목소리는 확신에 가득 차 있었다. 평생 그녀는 타인의 필요와 소망, 기대에 흔들리지 않고 결정을 내릴 수 있기를 바랐다. "언니 같은 사람은 없어." 티나는 말했다. "결국에는, 가장 중요한 건 그거라고 생각해. 그리고 정직한 것."(II, 324)

티나가 볼 때 언니 케이시의 덕목은 바로 '타인의 필요와 소망, 기대에 흔들리지 않고' 자신의 욕망에 진심이고 정직하며 스스로의 삶에 대한 주체성을 가졌다는 점이다. 티나가 이렇게 확신할 수 있었던 것은

'타인의 필요와 소망, 기대에 흔들리는 삶'과 '자기 자신에게 진심이며 정직한 삶' 사이의 균열, 틈새를 발견했기 때문이다. 실제로 공부도 진로도 그리고 결혼도 아버지의 기대에 어긋난 삶을 살지 않았던 티나가 자신을 좀 더 객관적 위치에서 볼 수 있었던 지도교수의 조언을 통해 아버지의 바람대로 외과의사로서 임상에서 환자를 진료하고 수술하는 일보다 내분비학 연구가 자신에게 맞는다는 것을 비로소 깨닫게 된 것이다. 그런 점에서 티나는 케이시의 반항이 바로 자신의 가치 기준에 따른 더 나은 삶에 대한 희망, 욕망의 표현이라는 것을 알게 된다. 그런 까닭에 티나는 누구보다 케이시를 존경하고 그녀의 선택을 지지한다.

■ ■ ■ 성공과 실패의 이분법의 균열: 은우의 역할

케이시가 성인이 된 후 첫 번째 연인은 제이였고 그와 결혼을 상상할 수 없었기에 헤어진 후 두 번째로 만난 연인이 은우였다. 은우와의 만남과 사랑은 케이시의 진로뿐만 아니라 그녀의 성과 사랑의 내러티브에서 결정적이다. 특히 진로에서 케이시를 힘들게 하는 중요한 맥락적 조건인 바로 성공의 낙관주의와 실패의 숙명주의의 이분법적 틀을 깨트리는 데서 은우는 중요한 역할을 한다. 당연하게도 사빈이 케이시의 주변 인물 중 가장 부정적으로 보는 사람이 은우다.

> "그 남자가 보고 싶어서? 그 도박쟁이?"(II, 347) "넌 그에게 화가 났기 때문에 바람을 피운 거야." […] "뻔하잖아. 그는 직장을 잃었고, 새 직장을 구할 생각도 하지 않았고, 심각한 도박중독이고, 너랑 결혼하는 것도 원하지 않았어."(II, 348) "은우는 시시한 선택이었어. 남자는 널 도와주는 사람이어야 해."(II, 353)

성공과 실패의 이분법적 틀에서 사람을 바라보는 사빈에게 직장을 그만두고 새로운 직장도 구하기 않고 도박의 확률에 자신의 운을 맡겨 버리는 은우야말로 가장 전형적인 패배자다. 그러나 사빈의 이런 평가에 케이시는 동의하지 않는다.

> "대표님은 은우를 존중하지 않잖아요. 난 존중해요. 그는 힘든 시기를 겪고 있어요. 누구나 실수할 수 있잖아요. 난 그가 돈을 많이 벌든 못 벌든 상관없어요. 그런 건 내 기준이 아니에요."(II, 350)

은우를 둘러싸고 케이시와 사빈이 부딪치는 대목은 바로 돈이다. 자본주의의 경쟁지상주의 하에서 사회진화론을 믿는 사빈에게 성공과 실패를 가늠하는 중요한 잣대는 돈이다. 반면 은우는 도박을 즐기면서도 누구보다 돈에 연연해하지 않는다. 그리고 케이시에게 돈이 진로나 사랑에서 결정적 기준이 아니라는 신념을 심어준 사람은 은우였다. 예를 들어 대학원 등록금을 주겠다는 사빈에게 신세 지지 않으려고 하는 케이시에게 은우는 돈을 쫓는 것은 결국 그 돈을 그녀에게 줄 수 있는 사람에게 삶을 저당 잡히는 일임을 말해준다.

> "네 인생을 저당 잡힐 수는 없어. 그녀의 돈을 받는다면, 그녀는 네가 자기를 위해 뭔가 해주기를 기대하겠지. 그게 그 사람의 방식이고, 난 네가 아주 용감하다고 생각해."(I, 423)

은우가 케이시가 용감하다고 말하는 것은 바로 사빈의 돈을 거절함으로써 그녀로부터 독립성을 가질 수 있기 때문이다. 결정적으로 케이시가 소설의 마지막 부분에서 자신이 그토록 노력해서 얻어 낸 컨 데이비스의 정규직 제안을 받아들이지 않고 새로운 진로를 모색할 수 있도록 용기를 불어넣어 준 것도 은우다. 실업과 도박 빚으로 아파트에서 쫓겨나 사촌 집에 얹혀사는 은우에게 자신 역시 집에서 쫓겨나 일자리 없이 신용카드 부채로 은우의 사촌인 엘라에게 얹혀 산 적이 있었던 케이시는 동병상련이 있을 것이다. 그러나 더 중요한 것은 은우가 자신이 좋아하지 않는 일을 하며 돈을 많이 벌기보다는 박봉이라도 자신이 좋아하는 일을 찾아 하는 것에 진심이며, 또한 실패나 가난에 대해서 초연한 태도다. 또한 케이시가 돈에 얽매이지 않는다는 것을 누구보다 잘 아는 것도 은우다.

"넌 모자를 만드는 게 어때?" 은우는 말했다. 케이시는 웃음을 터뜨릴 뻔했다. "그거 해서 돈 못 벌어." "언제부터 네가 돈을 원했다고?"(II, 466) "케이시, 너한테는 부족한 게 없어." "난 남의 집 손님방에서 지내고 있고, 가진 물건이라고는 슈트케이스 하나에 몽땅 집어넣을 정도야. 당신도 마찬가지잖아." 은우는 꿈쩍도 하지 않았다. "지금 잠시 그런 것뿐이야. 난 그게 창피하지 않아. 난 지금껏 다른 사람들을 많이 도왔어."(II, 467)

이처럼 은우는 케이시에게 사빈이 강압하는 성공과 실패의 이분법의 틀에 얽매이지 않고 자신의 새로운 진로를 모색해 볼 수 있게 해주는 용기를 불어넣어 준다.

■ ■ ■ 차별적인, 사무적인 그리고 공감적인
세 부류의 동료들

컨 데이비스에서 2년 반의 보조직원, 2개월의 여름 인턴 생활에서 동료 직원들과의 대인관계는 직장 분위기에 대한 케이시의 대처를 이해하는 데 중요하다. 처음에는 케이시도 경쟁과 효율을 우선시하는 남성 중심의 직장 분위기에 대한 매료되기도 한다. 케이시가 보조직원 면접을 위해 컨 데이비스를 찾아갔을 때,

> 빳빳한 흰 셔츠 차림으로 넥타이를 펄럭이며 움직이는 남자들을 보고 있으니 묘하게 가슴이 두근거렸다. […] 줄줄이 놓인 컴퓨터 단말기를 마주한 채 이야기하고, 고함치고, 일어서고, 앉는 남자들, 그들의 얼굴은 강렬하고 역동적이었다. […] 남성적 힘이 소용돌이치는 이런 공간에서 덩달아 에너지를 얻지 않기는 힘들었다. 처음으로 케이시는 이 일을 원했다. 갑자기 위신도 돈도, 목표의식도 없는 영업보조라는 직책조차 상관없었다.(I, 146-7)

누구보다 세상에 대한 많은 호기심을 가진 케이시에게 컨 데이비스의 대부분의 남성 '화이트칼라 공장 생산라인'(I, 147)이 주는 강렬하고 역동적인 에너지가 깊은 영향을 끼쳤다.

그러나 좀 더 구체적으로 들어가면 동료들은 세 부류로 나뉜다. 보조직원으로 일했던 시기의 컨 데이비스의 브로커들인 케빈, 휴, 월터는 훨씬 더 사교적이고 인간적인 동료들이었기에 케이시가 케빈으로부터 보조직원으로 근무하기로 다짐받은 2년을 훌쩍 넘어 근무할 수 있었다. 특히 월터의 겸손함과 배려심 그리고 유머 감각은 케이시를 처음부터 컨 데이비스에 끌리게 만들었다(I, 157). 더욱이 그들은 케이시가 가

난한 한국 여성이라고 무시하지도 않았고, 아이비리그 출신이 보조직
원이라고 조롱하지도 않았다.

과도하게 업무, 효율 중심으로 동료들을 대하고 공감이나 사교성은
전혀 없는 래리나 캐린 같은 여름 인턴 시절의 사수들, 혹은 위기에 처
한 엘라를 도와주기 위해 업무시간을 불가피하게 어긴 케이시를 전혀
배려하지 않고 보스인 사빈에게 알린 백화점의 같은 부스에서 일하는
주디스 같은 상사에 대해서는 그녀 역시 사무적으로 대할 뿐이다.

반면 자신이 백인 여자도 아니면서 백인 여자처럼 굴고, 백인 남자를
사귀다가 결국엔 남자가 바람피우는 장면을 목격하고, 프린스턴 출신
이면서 인맥도 활용하지 못해 제대로 된 직장도 구하지 못하고, 거처할
데가 없어서 동족의 친구의 집에 얹혀사는 가난한 한국인 여성 케이시
를 무시하는 테드와 같은 남자에 대해서 그녀는 극도의 거부감과 혐오
감을 갖는다. 면접을 보러 컨 데이비스를 방문한 케이시에게 바람피운
전 남자친구가 같은 사무실에 근무한다고 그를 불러줄 수도 있다고 제
안하는 테드에게 케이시는 직설적으로 표현한다.

"내가 전화를 해서 이 사무실로 잠시 부를 수도 있고, 그 정도는 해줄 수
있어." "그러시겠죠." "재수 없는 놈이라고 생각하는군." "이따금 맞아
요."(I, 143)

테드가 케이시처럼 가난한 한국 여성에 대한 무시하는 태도를 넘어
케이시의 전 연인 제이처럼 아시아 여자를 사귀는 백인 남자마저 조롱
할 때, 케이시는 더욱 공격적이다.

"아시아 여자를 사귀는 전형적인 백인 남자. 더없이 희고 평범하게 생

긴, 개성이랄 것도 없고, 흠, 얼마 전에 여자 둘을 주물렀다고 그 방면에서 소문이 자자하더군." 테드는 혼자 재미있다는 듯 헛기침을 했다. "당신한테 약간 실망했어. 케이시. 당신은 알파형 인간을 좋아할 거라고 생각했는데." 케이시는 시계를 보고 자리에서 일어섰다. "아뇨, 테드. 엘라가 A형 인간을 좋아하죠.""A타입 성격유형 말이지?""아뇨. 멍청이 Asshole요."(I, 144)

■ ■ ■ 소비습관에 대한 관점전환에서 조셉 맥리드의 역할

서점상 조셉 맥리드와 우연한 만남과 대화는 케이시로 하여금 자기소외적이고 자기혐오를 낳는 소비습관, 특히 자신의 모자와 옷에 대한 집착을 그녀의 또 다른 관심인 문학과 연결시켜 그녀의 진짜 욕망의 의미를 성찰할 수 있도록 해준다. 케이시가 조셉 맥리드를 만나는 시점은 진로와 관련해서 여러모로 가장 힘든 순간이었다. 원하는 투자은행 여름 인턴 자리는 구하지 못하고, 연인 은우는 실직한 지 3개월이 되었고, 그럼에도 케이시는 모자와 옷에 대한 지출을 줄이지 못하는 바람에 신용카드 채무 상태가 악화 일로를 걷고 있었다. 결국 그녀는 채무를 감당하기 위해서 원치 않는 닷컴기업의 제안을 받아들였다(II, 86-7). 그러나 그 순간 케이시의 습관적 맥락은 다시금 그녀로 하여금 현실회피와 소비충동을 불러일으킨다.

그녀는 자기연민을 느끼는 것이 싫었고, 메디슨 에비뉴까지 한참 걷다 보면 더러운 기분이 나아질지 모른다고 생각했다. [⋯] 모자, 드레스, 멋진 구두, 백화점 근무복 차림으로 걷고 또 걸으며, 케이시는 그저 도망치고 싶었다. 하지만 어디로 가야 하나. [⋯] 70번가 모퉁이에서 그녀는

깜박이는 빨간신호등 앞에 멈춰 섰다. 바로 몇 발짝 옆에 고서적 전문 서점이 있었다.(II, 86-7)

흥미로운 점은 작가 이민진은 여기서 두 가지 극적 전환의 장치를 설정한다. 첫 번째는 케이시의 진로와 관련된 현실불만, 현실회피충동, 과소비, 채무증가, 원하지 않는 진로결정, 자기혐오의 악순환에 빠질 수 있는 순간, '어디로 가야하나?'라는 케이시의 의문에 대해 경고인 '빨간신호등'이 깜박인다. 두 번째로 새로운 방향전환을 가리키는 '고서적 전문서점'이 케이시의 시선을 끈다.

고서적 전문서점에서 만난 사람은 서점주인 조셉 맥리드다. 아버지 조셉의 이름과 똑같은 그러나 케이시에게 180도 다른 태도를 취하는 나이든 남자. 역설적이게도 조셉 맥리드는 그녀의 현실회피, 과소비 습관의 증거인 그녀의 화려한 모자와 드레스를 칭찬한다. 그녀 자신에게 그리고 그녀가 예상하기에 타인들에게 "주말에 입는 이런 변덕스러운 옷차림은 거의 시대극 무대의상처럼 보일 정도였다(II, 88)." 그러나 조셉 맥리드는 전혀 다른 이미지와 의미를 찾아낸다.

"멋진 모자군요." […] "게다가 드레스까지. 이야, 멋진데요." […] "데이지 뷰캐넌" 남자는 『위대한 개츠비』의 냉혈한 여인 이름을 외쳤다. "네 그런 것 같네요." 그녀는 대답했다. 그 이름은 남 몰래 보내는 윙크 같았다.(II, 88)

이것은 고객을 호도하기 위한 상투적인 칭찬일 수도 있다. 그러나 케이시에게 서점주인의 "목소리는 나이에 비해 젊고 따뜻했다. 행복한 음성이었다. 그 목소리를 들으니 마음이 편안해졌다. […] 목소리는 즐거움에 가득 차 있었다(II, 88)." 더 중요한 것은 그녀가 서점주인의 칭찬이 맞았다는 것을 알아차린다는 점이다.

> 케이시 자신도 미처 의식하지 못했지만 그의 말이 맞았다. 이 모자와 드레스는 데이지 같은 사람이 입을 만한 것들이었다. 모자를 만들 때 케이시는 자기 자신이 아니라 보다 흥미로운 여성을 염두에 두었다.(II, 89)

그러나 그녀는 "자신이 소설 속 등장인물처럼 차려입는다는 생각"까지 해본 적은 없었기에 남자의 칭찬을 회피한다.

> "데이지가 한국인이라면 그렇겠어요." 갑자기 자신을 의식하자 쑥스러웠다. 남자는 이상하다는 듯 그녀를 쳐다보았다. "국적은 중요한 게 아니지요." 그는 이 시점에서 물러날 수 없다는 듯 엄숙하게 말했다. "분명 한국인 중에도 데이지나 베아트리체, 줄리엣이 있을 테니까요."(II, 89)

사실 과거 친구 버지니아는 케이시가 옷차림에 유난을 떤다고 놀리곤 했을 때, "그래서? 매장에 들어섰을 때 넌[피부색이 진한 스웨덴 혼혈 미인처럼 보이는 버지니아] 일본인 관광객이나 유모, 우편 주문 신부, 손톱 미용사로 오해받지 않잖아?"(I, 126)라고 항의했듯이 케이시는 자신의 옷차림은 현실회피, 현실은폐의 수단이라고 여겼다. 그러나 조셉 맥리드는 **한 개인의 정체성은 그 사람의 국적이나 처한 현실이 아니라 자신을 어떻게 내러티브적으로 표현하느냐에 달려 있는 것으로 본다.** 이 말은 본래의 정체성이나 신분이 정해졌기에 그에 걸맞은 태도와 복장이 필요하다고 여기는 전근대적 가치관을 가진 아버지 조셉 한과 대조적으로 조셉 맥리드는 자신을 어떻게 표현하느냐에 따라 자기 자신이 새롭게 창조된다고 여기는 포스트 모던적 가치관을 갖는다.

이 대목은 진로상담적으로 함의가 더 크다. 조셉 맥리드는 케이시 당사자에게는 자신의 현실회피와 은폐의 수단이면서도 동시에 소비중독과 자기혐오를 낳는 악순환의 계기였던 모자와 옷에 대한 소비습관을 그녀가 또 다른 자신의 문제로 여기는 독서습관과—"그녀의 문제는 어떤 책이 마음에 들면 똑같은 책만 몇 번이고 들입다 읽는다는 점이었다"(I, 91)—연결시킨다. 이를 통해 그녀가 **자신이 읽은 작품의 인물에게서 닮고 싶은 특성을 그녀의 개성적이고 창의적인 패션 스타일을 통해 실현하고 싶어 하는 문학적이면서도 예술적인 욕망**을 갖고 있음을 알아차리게 해주었다.[7]

---

7. 특히 티나와 조셉 맥리드와의 관계의 의미를 좀 더 확장해석해 본다면, 케이시의 모자와 의상에 대한 관심은 주류 문화의 지배담론에 대한 저항의 일종이며, 윈슬레이드(2011)가 지적한 것처럼 그 저항 속에 케이시의 '암묵적인 생애 프로젝트'가 간직되어 있다. 분명히 케이시의 모자와 옷 등의 상품에 대한 과도한 소비성향은 한편으로는 자기소외적 소비요, 쇼핑중독과 자기혐오, 신용카드 채무증가를 낳는다는 점에서 이경재(2023)의 비평처럼 케이시는 스노비즘에 빠진 스놉의 전형으로 보일 수도 있다. 그러나 과연 케이시가 장 자크 루소의 스놉의 정의, 즉 "자기에 대한 세상의 평판을 매우 중시하며 자기보다 타인이 판단해 주는 것에 오히려 행복을 느끼고 만족할 수 있는 부류의 사람들"로서 "언제나 자기 밖에 존재하며 타인의 의견 속에서만 살아"(이경재, 270)가는 존재에 해당될까? 앞서 티나가 케이시의 강점으로 자신의 욕망에 진심이고 자기 자신으로 사는 사람이라고 평가했을 때 그것은 그때까지의 케이시의 생애 전체에 대한 동생 티나의 솔직한 평가다. 더 주목해야 할 점은 "'책을 많이 읽는 프린스턴의 똑똑한 여자들'은 겉으로는 물질 중심적이어서는 안 된다고, […] 똑똑한 여자라면 옷을 취향에 따라 수집해서는 안 된다는 생각을 갖고 있지만 […] 아름다운 여자는 똑똑해지고 싶어하는 만큼, 똑똑한 여자들도 아름다워지고 싶어 한다는 것 역시 사실이었다 […] 누구나 상품을 통해 형성되는 정체성을 탐하는 것이다"(I, 78)라는 사실을 케이시는 알고 있었다는 점이다. 다시 말해 케이시의 취향에 따른 모자와 옷의 수집과 옷차림에 유난을 떠는 모습은 스놉의 모습이 아니라 자신의 욕망에 솔직하고 역설적으로 똑똑하고 책을 많이 있는 프린스턴 여학생들의 시선을 신경 쓰지 않는 것이요 자신의 욕망에 솔직하지 못한 위선에 대한 저항일 수 있다.

조셉 맥리드와의 만남이 케이시의 진로결정에 더 중요한 것은 케이시가 투자금융은행의 브로커로서의 진로가 아니라 모자 디자이너로서 진로로 방향을 선회하게 만든 촉발점이라는 사실이다. 조셉 맥리드는 자신의 아내가 런던 소재 유명한 모자 제작회사인 '록엔드컴퍼니 모자상'에서 사고 딱 한번 썼던 "20세기 초 신사가 오페라 극장에 갈 때 쓰던 것 같은 실크해트"(II, 188)를 선물해 주었고, 그가 죽고 나서 아내 헤이즐의 유품인 모자 전체를 케이시에게 남겼다. 또한 케이시는 조셉이 자신의 친구들에게 케이시가 타고난 모자 디자이너라고 말했다는 것을 듣는다.

> "조셉은 당신이 정말 아름다운 모자를 만들고 평생 본 누구보다 더 예쁘게 옷을 차려입는다고 했답니다."(II, 425)

조셉은 바로 케이시가 '소중하게 간직하던 암묵적인 생애 프로젝트'(Winslade, 201, 57), 곧 미래 모자 디자이너로서 진로방향을 선택할 수 있도록 상상하게 만들고 결심하게 만드는 동기를 제공한 것이다.

5. 집착, 자아 이상, 흥미, 인생대본과 인생모토를 통해 내러티브 정체성 만들기

케이시의 진로결정 과정에서 현상적으로 나타나는 감상성, 비합리성과 충동성 그리고 그 이면에 있는 정체성과 소명의 추구라는 긴장 tension을 이해하기 위해 우리는 그녀의 진로결정 과정에서 제약과 억압으로 작동하는 맥락조건과 그런 맥락조건에서 만들어지는 마스터 내러티브 내지 권력담론에 틈새, 균열을 만들어내는 대인관계의 상관성에 주의attention를 기울여보았다. 그러나 가장 중요한 것은 억압적 맥락조건에 틈새와 균열을 드러내는 대인관계를 매개로 대안적 이야기를 만들어낼 수 있는 행위 주체의 내러티브 정체성으로의 지향intention이다.

■ ■ ■ 유년기 기억 속에서 집착 찾기

이민진의 작품에서 케이시의 유년기 에피소드를 짐작할 수 있는 내용들을 찾기는 힘들다. 다만 어렸을 적부터 조셉은 딸들을 체벌하였고, 리아는 "미국에서는 부모가 체벌하는 것을 학교에서 알게 되면 아이들을 고아원에 보낸다고 그녀와 티나에게 단단히 당부했다(I, 61)."어릴 적 케이시는 이런 체벌에 대해 침묵했지만 "고등학교 다닐 때부터 1년에 한두 번씩 조셉과 싸우곤 했다. 아버지에 대한 케이시의 분노는 매년 더 커지기만 했고, 어느새 도저히 달랠 수 없을 정도로 단단하게 응어리졌다."(I, 30) 여기서 **케이시의 첫 번째 가장 기본적인 집착인 강압과 폭력에 대한 저항과 독립성에 대한 갈망**이 싹텄다.

케이시는 집을 나간 후 엘라의 집에서 잠시 머물다 제이와 화해하고 그의 아파트에서 동거 생활 중, 리아는 집을 나가서 연락이 끊긴 딸 케이시가 걱정되어 딸이 산다는 아파트를 찾아온다. 어머니 리아와 어색한 대화 후 딸의 생활비가 걱정되어 자신이 남몰래 모아 둔 돈을 딸에게 주고 되돌아서 아파트 문잡이를 잡는 순간 케이시에게 유치원 다니던 시절의 한 장면이 회상된다.

케이시는 회색으로 칠한 놋쇠 손잡이를 잡은 어머니의 작고 흰 손을 응시하며 그 따뜻한 손바닥의 감촉을 떠올리려고 애썼다. 손을 잡아본 것도 아주 오래전 일인 것 같았다. 그렇지 않나? 서울에 있을 때, 어머니는 아침마다 그녀와 함께 유치원까지 걸어갔다가 하루 일과가 끝나면 다시 데리러 오곤 했다. 티나는 그때 어디 있었지? [...] 어머니는 케이시를 유치원에 데려다준 뒤 누가 따라오기라도 하는 양 다시 종종걸음으로 돌아갔다. 유치원 문간에 홀로 남은 케이시는 손바닥에 남은 엄마의 따뜻한 손 냄새를 킁킁거렸다. 그대로 있는 힘껏 달려서 엄마를 쫓아가고 싶었다.(I, 222)

어머니 리아의 케이시에 대한 돌봄의 방식에서 케이시는 엄마의 따뜻한 손바닥의 감촉의 느낌을 갈망한다.[8] 케이시는 생활비에 보태 쓰라고 준 어머니 리아의 돈 봉투로는 해소될 수 없는 **엄마 리아와의 접촉으로부터 확인하고 싶은 사랑에 대한 갈망**이 있다. 앞서 **기질적-양육적 맥락**에서도 이미 확인했듯이 리아 자신이 어릴 적 어머니를 여의고 어머니의 제대로 된 양육의 손길을 받아본 적이 없는 까닭에 자신의 두 딸을 양육하면서도 안정 애착적인 돌봄을 제공해주지 못했다. 사비카스는 볼비의 애착이론에 의거해 애착방식이 사람들의 일에서 역할과 사회적 상호관계 방식과 긴밀한 관련을 갖는다는 점을 지적한다.

아이들은 자신의 부모와의 상호작용을 통해서 자기 자신과 타인, 그리고 세계를 이해하기 위한 작업 모델을 공동구성한다. 적절한 과정을 거치면서 이런 내적 작업 모델은 애착도식, 즉 일의 역할에서 대인 관계적

---

8. 이런 접촉에 대한 갈망은 특히 케이시의 성sex에 대한 집착 속에서 잘 드러난다.

상호작용과 필요 충족need fulfillment을 위한 대본으로서 뿐만 아니라 사
회적 세계에 관한 일차적 사고방식으로서 기여하는 정신적 표상의 일반
적으로 일관된 조직화를 이루어 낸다.(Savickas, 2019, 16)

어머니 리아가 자신의 어머니로부터 받지 못한 애착적 돌봄방식을 자
녀에게 제공하지 못한 **케이시는 이것을 누구보다 갈망하며 친구, 연인,
동료들과의 관계에서 관심과 사랑을 아주 중요한 가치로 여기게 된다.**

비록 유년기 경험은 아니지만 케이시의 세 번째 집착을 짐작할 수 있는
열아홉 살 때 에피소드가 하나 있다. 퀸즈의 아파트 옥상에서는 볼 수 없
었던 밤하늘의 은하수를 처음 보았을 때 케이시의 감동과 반응이다.

그녀가 처음으로 검은 하늘에서 하얀 구멍들이 무수히 뚫려 있는 광경을
본 것은 방학 때 룸메이트 버지니아의 할머니 집을 방문하러 뉴포트로
여행 갔을 때였다. 최초의 느낌은 호흡이 정지하는 기분이었다. 문자 그
대로 숨이 멎는 광경이었다. 그녀는 고개를 죽 빼고 소용돌이치는 은하
수를 바라보며 넋을 잃었다. 모기에게 발목을 뜯기면서도, 아무리 재촉
해도 할머니의 대저택 안에 도무지 들어가지 않으려 하였다. 뉴포트에
머무르는 동안, 나이 지긋한 크래프트 부인이 케이시를 '별처럼 초롱초
롱한 눈망울을 지닌 아이'라고 부를 정도였다.(I, 40)

이처럼 **자연의 아름다움에 넋이 빠질 정도로 색깔과 형태의 아름다움
에 대한 케이시의 감성**은 성인이 되어서도 여전히 관찰된다. 경영대학
원 진학 후 컨 데이비스 동료 직원들과 골프를 치러 갔을 때 은우는 케
이시에게 창문에 달라붙은 작고 불그스름한 녹색 도마뱀을 가리켰다.

"이걸 봐요." 은우가 말했다. "겁내지 말고." […] 케이시는 다가가서 좀

더 자세히 보았다. "예쁘네요. 재미있어요. 색깔이 정말, 정말 신기하네요. 이런 색은 오로지 자연에만 있을 거예요. 너무나 신비롭네요. 꽃에 대해서 저는 늘 그렇게 생각했어요. 어떻게 꽃에서는 그토록 완벽하던 색깔이 옷감이나 페인트에 들어가면 천해 보일 수 있을까요? 무슨 말인지 아시죠?"(I, 384)

이 에피소드에서 케이시는 **자연의 아름다움에 대한 감수성을 형태와 색깔로 재현하고 싶어 하는 예술적 창의성의 욕구를 드러낸다.**

종합하면, 강압과 폭력에 대한 반발심으로부터 키워진 저항과 독립성의 추구, 사람들과의 접촉과 교류를 통해 관심과 사랑을 받고 주고 싶어 하는 갈망, 그리고 아름다움에 대한 감수성과 이를 예술적으로 표현하고 싶어하는 욕구는 케이시의 직업occupation의 선구적 형태로서 집착preoccupation의 세 측면을 이룬다.

■ ■ ■ 롤모델 속에서 자아 이상 형성하기

사비카스에 따르면 롤모델 속에서 자아 이상을 발견할 수 있다. 이 자아 이상은 유년기 집착과 연결되어 자기 구성의 기반이 된다.

자기self의 건축가로서 활동하면서 아이들은 롤모델을 그들의 자기 디자인을 위한 청사진으로서 선택한다. 영웅들은 그 속에서 아이들이 자신의 문제와 집착과 곤경을 그들 혼자의 힘으로 건설적으로 다루어 나감으로써 삶을 영위하며 앞으로 나가는 길의 모델이 된다.(Savickas, 2013, 152)

케이시의 유년기 기억과 관련된 집착은 **폭력과 강압에 대한 저항과 독립성, 관심과 사랑의 갈망이며, 미적 심미안과 창조에 대한 욕구**다. 사비카스도 지적했다시피 롤모델은 이런 집착, 곤경에 대한 건설적 해결의 청사진을 제공하는 인물이다. 이를테면 소설 초반 "케이시가 쓰던 위층의 라미네이트 재질 헤드보드 위쪽에는 당당하게 허리에 손을 올린 원더우먼 린다 커터의 빛바랜 포스터가 걸려 있었다"(I, 38)의 묘사처럼 케이시의 유년기 롤모델이 원더우먼이라는 것은 쉽게 짐작할 수 있다. 혹은 그녀가 즐겨 보았다는 1970년부터 77년까지 CBS방송에서 전파를 탔던 TV 프로그램 〈메리 타일러 무어 쇼〉에서 메리 타일러 무어는 원더우먼과 유사한 특성을 갖는다. 원더우먼이나 메리 타일러 무어는 공통적으로 **남성중심적 사회에 대한 여성의 저항성과 독립성을 상징**하는 캐릭터다. 그러나 이런 저항과 독립성뿐만 아니라 뛰어난 예술적 감각을 지니면서 또한 케이시를 포함한 젊은 직원들의 재능과 야망을 사랑하고 발굴하고 야심을 실현시키는 데 탁월했던 사빈이야말로 케이시의 전형적 롤모델이다.

■ ■ ■ 직업적 흥미

사비카스에 따르면 흥미는 개인적 욕구와 적절한 목표를 연결한다. 라틴어 inter est는 '사이에 있다'는 의미이다. 흥미는 개인의 욕구와 그런 욕구를 충족시키는 사회적 목표 사이의 심리사회적으로 긴장된 상태이다. 개인은 목표를 만족시키는 데 유용한 환경 속에서 흥미로운 사물과 활동을 찾는다. 그런 유용한 환경은 '장소places, 사람들people, 문제problems, 절차procedures'(Savickas, 2011, 100)로 나눠서 분석할 수 있다.

케이시가 자신의 집착과 자아 이상을 통해서 좀 더 분명해진 생애 목표를 실현해낼 수 있는 행위 주체성agency은 그녀의 직업적 흥미에서 찾을 수 있다.

먼저 케이시는 컨 데이비스 안에서도 **공감이 결여된 업무와 효율 중심의 부류의 사람들보다는 좀 더 사교적이고 인간적인 동료들을 원했다**. 자신의 독립적이고 예술적인 감성과 창의성을 발휘할 수 있기 위해서라도 과업 중심의 지시, 경쟁보다는 공감과 소통이 가능한 관계 중심의 사람들과 함께 일하길 원한다. 그녀가 FIT 수강생들과 어울리면서 편안함을 얻고 외로움을 극복할 수 있었던 것도 관계 중심의 공감과 소통이 있었기 때문이다. 작업 공간 역시 컨 데이비스의 거대한 '콘서트홀처럼 높은 천장에 풋볼 경기장 넓이의 공간'(I, 147)이 아니라 **원룸 아파트와 같은 나만의 공간 혹은 소수의 사람들과 대화를 나누며 일할 수 있는 소규모 공간을 선호**한다.

또한 여름 인턴 자리처럼 철저하게 순위가 매겨지는 일이 아니라 비록 모자 제작 강의에서도 학점은 매겨지고, 백화점에서 판매수익률이 비교되지만 케이시가 엘레의 드레스를 골라주고, 조셉 맥리드의 유족인 주시에게 어울리는 모자를 제안해주듯이 **양자가 충분히 소통하고 공감할 수 있는 심미안과 창의성이 요구되는 패션 분야가 바로 케이시에게 성취감을 제공하는 일**이다.

■ ■ ■ 생애대본

사비카스는 사람들이 가장 좋아하는 tv드라마나 영화 혹은 소설 속의 스토리를 통해서 그 사람들이 원하는 생애 대본을 만들 것을 제안한다.

사비카스에 따르면 한 개인의 자기, 다시 말해 '나는 누구인가?', '그는 누구인가?'라는 정체성의 문제는 그가 어떤 생애 대본을 갖춘 이야기를 살아왔는가 그리고 살아낼 것인가에 의해 결정된다. 이를 '작가author로서 자기' 혹은 '내러티브 정체성'이라고 부를 수 있다.

케이시는 어릴 적부터 머릿속에 예지몽과 같은 그림이 떠올랐다.

> 열두 살, 열세 살 무렵부터 케이시 머릿속에 자리 잡은, 더 나은 표현을 찾을 수 없지만, 일종의 그림이 있었다. 그림은 매일 떠올랐다. 어떤 날 아침에는 슬라이드 쇼처럼, 어떤 날에는 암시하듯 초점이 흐릿하게, 영화 예고편이라기보다는 숨은그림찾기의 단서에 가까웠다. […] 그림이 현실로 나타나는 일이 종종 있었기 때문에 속으로 예상하고 있었으면서도, 그럴 때마다 답답하고 어리둥절한 기분으로 그저 손을 들 수밖에 없었다.(I, 240)

케이시에게 항상 머릿속에 떠오르는 그림이란 예지몽과 같은 무의식적 상상과 같다. 그녀에게 이 상상은 자신의 진로와 결혼을 결정하는 데서 핵심적 역할을 했다. 컬럼비아 로스쿨 입학 연기신청을 반려했던 것도 "로스쿨 그림은 떠오른 적이 없었"(I, 240)기 때문이요, 제이와 결혼하는 것을 포기했던 것도 "흰 웨딩드레스를 입은 자기 모습이나 예복 차림으로 옆에 서 있는 제이의 모습이 도무지 떠오르지 않았"(I, 240)기 때문이요, 소설의 마지막 부분에서 그녀가 경영대학원을 마치는 것이나 컨 데이비스에서 브로커로 일하는 것을 포기한 것 역시 상상적 이미지가 떠오르지 않았기 때문이다. 반면 모자 디자이너로서 자기 모습을 상상하는 것은 불가능하지 않았다(II, 466). 이처럼 케이시가 자신의 생애 중요한 결정에서 상상적 그림에 의존한다는 것은 그만큼 자신의 정체성을 **조셉의 전근대적 직업관이 의미하는 것처럼 어떤 하나**

의 역할을 충실히 수행하는 배우actor나 사빈의 근대적 직업관처럼 성공이라는 하나의 목표를 달성하기 위해 주도적으로 살아가는 행위주체agent를 넘어, 조셉 맥리드의 포스트모던적 직업관처럼 자신의 무의식적, 의식적 욕망이 만드는 다채로운 이야기의 저자author로서 자기(Savickas, 2011)가 중요하다는 의미일 수 있다.

이렇게 해석할 수 있는 중요한 단서는 그녀가 좋아하는 책이다. 그녀가 진로고민과 갈등, 정체와 결정과 이탈의 과정을 거치는 동안 부단히 반복적으로 읽은 책은 엘리엇의 『미들마치』다. 익숙한 세계에서 위안을 얻고 싶을 때마다 읽고 또 읽었던(I, 58, II, 41), 하루 업무가 끝나면, 집까지 걸어가서 다시 읽었던 책(I, 174)이 바로 그 책이다. 조셉 맥리드도 그녀가 『미들마치』를 반복적으로 읽는다는 것을 알았다(II, 94).

진로고민과 갈등의 시기 케이시가 위안을 찾기 위해 반복적으로 읽었던 『미들마치』가 케이시의 진로에서 생애대본을 찾는 데 어떤 중요한 실마리를 제공하는지를 이해하기 위해서 대인관계 맥락 중 조셉 맥리드와의 만남을 떠올려 보자. 앞서 언급했듯이 조셉 맥리드는 케이시의 모자와 의상 스타일과 그녀의 문학에 대한 관심을 연결시켜 줌으로써 그녀로 하여금 **자신 읽은 작품의 주인공에게서 닮고 싶은 특성을 그녀의 개성적이고 창의적인 패션 스타일을 통해 실현하고 싶어 하는 욕망**을 알아차리게 해주었다. 엘리엇의 『미들마치』는 오로지 주인공 한명의 성공과 행복 혹은 비극에만 초점을 맞춘 단일 플롯의 소설이 아니라 전통적인 신분 사회와 생활방식이 아직 남았지만 변화와 방향을 모색하는 에너지가 꿈틀대는 '미들마치'라는 제조업 중심의 소도시에서 각자의 소명을 찾으려는 인물들의 다양한 선택과 좌절의 생애대본들이 서술된다(이미애, 2024). 케이시는 이런 **다채로운 인물들의 이야기들을 패션을 통해서 새롭게 창조해내고 싶었다.**

> **그녀는 어디를 가든 항상 적절한 드레스로 자신의 정체성을 직조했다.** 오늘 밤이라고 다를 이유가 있나? 그녀는 모자 하나를 완성할 때마다 그 모자에 이름을 붙였고, 그 이름을 통해 이런 모자를 가진 여자가 어떤 연인을 사귈지 상상하곤 했다. 그 여자는 수줍음이 많을까, 아니면 자기 주장이 강할까? 연인의 손길을 전적으로 신뢰할까, 아니면 자신의 감정에 저항할까? 남자에게 열정적으로 몸을 맡기는 여자일까? 옷을 통해 케이시는 캐주얼하게도, 도회적으로도, 가난하게도, 부유하게도, 보헤미안 같게도, 프롤레타리아 같게도 보일 수 있었다. **가끔 케이시는 겉으로 보이고 싶은 모습이 전혀 없는 상태로, 있는 그대로의 모습으로 살아간다는 것이 어떤 기분일까 생각할 때가 있었다.**(I, 372-3; 강조는 인용자에 의함)

특히 마지막 문장이 함의하는 바는 크다. '겉으로 보이고 싶은 모습이 전혀 없는 상태로, 있는 그대로의 모습으로 살아간다는 것이 어떤 기분일까'라는 물음은 현상과 본질, 겉과 속의 이분법의 틀 속에서 외면보다 내면이, 현상보다 본질이 중요하다는 아버지 조셉의 논리에 대한 의문이다. 케이시는 조셉 맥리드의 해석처럼 나의 선택과 무관한 인종, 국적이 아니라 내가 그때마다 나의 욕망과 감정과 상상력에 따라 선택하고 표현할 수 있는 다채로운 이야기를 지닌 자기로 살고 싶은 것이다.

■ ■ ■ **인생모토**

인생모토는 "대개 내담자에게 직업적 줄거리에서 다음 삽화[에피소드]로 이동하기 위해 요구된 적응능력 자원과 적응하기 행동에 대한 조언"(Savickas, 2013)이다. 소설의 마지막 절 제목 「스케치」처럼 케이시는 은우와 색색의 분필들을 사용해서 슬레이트가 깔린 바닥 위에 함께 꽃과 나무를 그리며 끝을 맺는다. 케이시는 은우와 함께 살아갈 생애 줄거리의 다음 에피소드를 상상한다. 다음 직업적 줄거리에서 적응능력 자원과 적응행동을 위한 조언은 무엇일까? 이민진은 이 작품을 통해서 세상의 수많은 케이시들에게 어떤 조언을 해주고 싶은 걸까?

우리의 삶에서 생존과 안전은 너무도 중요한 기초적인 목적이요 가치다. 그러나 반대로 생존과 안전만이 유일한 목적으로 설정되고 그 이상의 어떤 가치나 의미도 추구되고 향유되는 것이 허용되지 못한다면 그 삶은 저주요 비극일 것이다. 앞서 기질-양육적 맥락 조건에서 어머니 리아의 희생과 헌신의 양육적 태도와 아버지 조셉의 공짜점심은 없다는 금욕적 양육태도로 인해 만들어진 욕망, 향유에 대한 죄책감은 케이시가 미래의 진로를 위해서는 떨쳐내야 하는 제약요소다. 또한 생존과 안전의 최후의 보루인 의사와 변호사만이 진짜 번듯한 직업이라고 여기는 조셉의 전근대적 직업관과 마스터 내러티브 역시 케이시가 지향하는 미래 진로로 행동을 옮길 때 벗어나야 하는 태도다.

능력은 저주일 수 있다(I, 13).
좋아하지 않는 일을 할 수 있다는 건 비극이야(II, 464).

중요한 것은 즐길 수 있는 삶, 향유할 수 있는 삶이다. 그것은 쾌락주의와는 다른 차원이다. 쾌락 자체가 중요한 것이 아니라 향유하는 다양

부록 2. 이민진의 『백만장자를 위한 공짜 음식』 211

한 가치가 중요하기 때문이다. '백만장자를 위한 공짜 음식'이라는 제목이 시사하듯이 재능, 능력을 넘어서는 욕망하고 향유할 수 있는 삶이 중요하다. 월터를 통해서 '백만장자를 위한 공짜 음식' 이야기를 들으면서 케이시는 다음과 같은 생각을 한다.

> 살 형편도 안 되는 아름다운 옷을 좋아하기는 했지만, 아무리 물건을 더 살 수 있을지언정 돈만을 위해 일하는 삶을 상상할 수는 없었다. 그래서는 오래 버티지 못할 거라는 기분이 들었다. 좋은 성적을 받기 위해 열심히 공부하는 것은 문제가 없었다. 그녀는 배우는 것 자체를, 세상을 바라보는 새로운 관점을 습득하고 새로운 사실을 알게 되는 것을 좋아했다. 하지만 좋은 성적은 그녀를 먹여 살려주지 않았고, 학교는 그녀가 영원히 있을 곳이 아니었다.(I, 163)

케이시는 소비와 일과 배움의 전통적인 수단―목적 관계를 해체한다. 우리는 흔히 좋은 직장에서 일하기 위해 열심히 공부한다. 좋은 직장이란 우리가 원하는 것을 마음껏 살 수 있는 돈을 많이 버는 곳이다. 사람들은 자기회피와 대리만족을 소비하고, 소비를 위해서 일하고, 일하기 위해서 공부한다. 그러나 **케이시는 소비와 일과 배움의 목적과 수단의 가치 아니라 각각의 향유할만한 고유한 가치를 찾는다.** 배움은 단순히 번듯한 직장을 얻기 위한 수단이 아니라 세상을 이해하는 새로운 관점을 배우는 곳이요, 그것은 그 자체로 즐겁다. 일은 단순히 돈을 벌기 위한 수단이 아니며 그런 일은 오래 버티기 어렵다. 일 자체는 고유의 성취감과 만족감이 있어서 가치가 있는 것이다. 상품소비는 현실회피요 대리만족의 수단이 아니라 그때마다 새로운 정체성을 창조하며 향유할 수 있기에 가치가 있는 것이다.

6. 케이시의 진로에서 캐릭터 전환과 그 예시

이제 케이시는 이와 같은 새로운 내러티브 정체성을 갖는 캐릭터로 전환을 위한 준비가 되었다. 왜냐하면 케이시는 단순한 반항을 넘어 누구보다 타인의 강압, 평가에 대해 저항적이고 독립적인 가치를 가질 수 있으며, 상대방의 관심과 사랑에 대한 수동적 갈망을 넘어 가족, 친구, 연인, 동료들과의 관계에서 관심과 사랑을 능동적으로 줄 수 있으며, 미적 감수성과 심미안을 활용해서 자신과 타인이 향유하고 싶은 욕망을 발견하고 그에 걸맞은 다채로운 정체성을 표현할 수 있는 예술적, 문학적 창의성을 갖기 때문이다.

작품 1부에서 이미 탁월한 패션과 모자 디자이너로서 케이시의 모습을 미리 상상할 수 있는 대목이 나온다. 바로 친구 엘라가 고른 결혼식 드레스를 반납하고 새로운 드레스를 골라주는 장면에서 케이시가 타인들의 평가나 기대가 아니라, 당사자인 엘라 자신이 표현하고 싶어 하는 자신의 정체성을 가장 잘 창조해 낼 수 있는 드레스를 고르고 케이시 스스로 감동을 받는 장면을 읽어보자. 먼저 케이시는 "엘라가 무엇을 원하는지 알고 싶었다. 당연히, 엘라의 웨딩드레스니까(I, 114)." 하지만 "패션센스라고는 없는 엘라는 자신이 고른 웨딩드레스가 멋쟁이 테드의 마음에 들지 않을까 봐 두려"(I, 116)웠다. 케이시는 자신이 무엇을 원하고 그것을 어떻게 표현하는지를 모르는 엘라에게 좀 더 원초적인 감각인 후각적 취향에 대해 묻는다. "쑥스러움이 많은 고객의 취향을 알아내는 방법은 다양하다. […] '좋아, 네가 좋아하는 향을 생각해봐.'"(I, 116) 향수의 향기로부터 연상되는 느낌, 모습을 찾아가면서 다시 묻는다. "타인이 널 그렇게 봐주기를 원하는 걸까? 아니면 너 자신을 그렇게 보고 있는 걸까? 그렇다면 입고 싶은 옷에는 그런 요소를 어떻게 적용시킬까?"(I, 117) 스스로의 선택을 포기하고 자꾸 상대방에게 의존하려는 엘라에게 케이시는 이런 의문을 갖는다. "자기 자신이 어떤 사람인지 제발 알려달라고 묻는 엘라의 음성이 머릿속에서 들리는 것 같았다. 어떻게 그럴 수 있나? 내가 누군지 다른 사람이 어떻게 말해줄 수 있지?"(I, 117) 이제 케이시는 자신이 골라준 드레스를 입은 엘라를 보며 다음과 같이 느낀다.

> 엘라는 원래도 아름다운 여자였다. 누가 아니라고 할 수 있을까? 하지만 웨딩드레스를 입으니 심장이 멎을 듯한 자태였다. [...] 케이시가 정교한 재단이 돋보이는 단순한 드레스를 선택한 것은 얼핏 수수한 이 같은 디자인이 엘라의 이상적인 얼굴과 몸매에서 시선을 분산시키지 않기 때문이다. 스스로 보잘것없다고 느끼는 것과 별개로, 아름다움의 절정을 과시하는 여성을 볼 때마다 케이시는 엄연한 쾌락을 느꼈다. 그 지고함의 가치는 인정하지 않을 수 없었다.(I, 240-1)

케이시는 청소년 시절 처음으로 밤하늘의 은하수를 보고 느꼈던 최초의 느낌, "호흡이 잠시 정지하는 기분 [...] 문자 그대로 숨이 멎는 광경"(I, 40)을 자신이 골라준 드레스를 입은 엘라의 자태 속에서도 느낀다.

자신의 모자와 패션을 통해서 그때마다의 자신의 정체성을 새롭게 직조해내듯이, 엘라에게서도 자신의 결혼식 날 표현하고 싶은 자신의 새로운 정체성을 찾도록 도와주려고 애쓰는 케이시 모습 속에서, 우리는 미래 케이시의 진로의 세 가지 원동력을 읽어낼 수 있다. 첫째, 타인의 평가와 기대에 저항하며 독립적으로 스스로의 욕구를 찾고 표현하길 원한다. 둘째, 이를 위해서는 상대방에 대한 관심과 사랑에 기초를 둔 이해와 소통이 필요하다. 셋째, 본능적 심미안과 예술적 창조성이 발휘되는 순간 느끼는 감동과 만족감이 중요하다. 이 세 가지 가치야말로 케이시가 앞으로 모자와 패션 디자이너로서 자신의 진로를 이끌어 가는 원동력이 될 것이다.